三聯人文書系

陳平原 主編

鄧小南 著

宋代文官制度六題

三聯人文書系
主　　編　陳平原
責任編輯　劉韻揚
書籍設計　a_kun

書　　名　宋代文官制度六題
著　　者　鄧小南
出　　版　三聯書店（香港）有限公司
香港北角英皇道四九九號北角工業大廈二十樓
Joint Publishing (H.K.) Co., Ltd.
20/F., North Point Industrial Building,
499 King's Road, North Point, Hong Kong
香港發行　香港聯合書刊物流有限公司
香港新界荃灣德士古道二二〇至二四八號十六樓
印　　刷　美雅印刷製本有限公司
香港九龍觀塘榮業街六號四樓A室
版　　次　二〇二一年九月香港第一版第一次印刷
規　　格　大三十二開（141×210 mm）二一六面
國際書號　ISBN 978-962-04-4869-0

總序

陳平原

老北大有門課程，專教「學術文」。在設計者心目中，同屬文章，可以是天馬行空的「文藝文」，也可以是步步為營的「學術文」，各有其規矩，也各有其韻味。所有的「滿腹經綸」，一旦落在紙上，就可能或已經是「另一種文章」了。記得章學誠說過：「夫史所載者，事也；事必藉文而傳，故良史莫不工文。」我略加發揮：不僅「良史」，所有治人文學的，大概都應該工於文。

我想像中的人文學，必須是學問中有「人」——喜怒哀樂，感慨情懷，以及特定時刻的個人心境等，都制約著我們對課題的選擇以及研究的推進；另外，學問中還要有「文」——起碼是努力超越世人所理解的「學問」與「文章」之間的巨大鴻溝。胡適曾提及清人崔述讀書從韓柳文入手，最後成為一代學者；而歷史學家錢穆，早年也花了很大功夫學習韓愈文章。有此「童子功」的學者，對歷史資料的解讀會別有會心，更不要說對自己文章的刻意經營了。當然，學問千差萬別，文章更是無一定之規，今人著述，盡可別立新宗，不見得非追韓摹柳不可。

錢穆曾提醒學生余英時：「鄙意論學文字極宜著意修飾。」我相信，此乃老一輩學者的共同追求。不僅思慮「說什麼」，還在斟酌「怎麼說」，故其著書立說，「學問」之外，還有「文章」。當然，這裡所說的「文章」，並非滿紙「落霞秋水」，而是追求佈局合理、筆墨簡潔，論證嚴密；行有餘力，方才不動聲色地來點「高難度動作表演」。

與當今中國學界之極力推崇「專著」不同，我欣賞精彩的單篇論文；就連自家買書，也都更看好篇幅不大的專題文集，而不是疊床架屋的高頭講章。前年撰一《懷念「小書」》的短文，提及「現在的學術書，之所以越寫越厚，有的是專業論述的需要，但很大一部分是因為缺乏必要的剪裁，以眾多陳陳相因的史料或套語來充數」。外行人以為，書寫得那麼厚，必定是下了很大功夫。其實，有時並非功夫深，而是不夠自信，不敢單刀赴會，什麼都來一點，以示全面；如此不分青紅皂白，眉毛鬍子一把抓，才把書弄得那麼臃腫。只是風氣已然形成，身為專家學者，沒有四五十萬字，似乎不好意思出手了。

類似的抱怨，我在好多場合及文章中提及，也招來一些掌聲或譏諷。那天港島聚會，跟香港三聯書店總編輯陳翠玲偶然談起，沒想到她當場拍板，要求我「坐而言，起而行」，替他們主編一套「小而可貴」的叢書。為何對方反應如此神速？原來香港三聯向有出版大師、名家「小作」的傳統，他們現正想為書店創立六十週年再籌畫一套此類叢書，而我竟自己撞到槍口上來了。

記得周作人的《中國新文學的源流》一九三二年出版，也就五萬字左右，錢鍾書對周書有所批評，但還是承認：「這是一本小而可貴的書，正如一切的好書一樣，它不僅給讀者以有系統的事實，而且能引起讀者許多反想。」稱周書「有系統」，實在有點勉強；但要說引起「許多反想」，那倒是真的——時至今日，此書還在被人閱讀、批評、引證。像這樣「小而可貴」、「能引起讀者許多反想」的書，現在越來越少。既然如此，何不嘗試一下？

早年醉心散文，後以民間文學研究著稱的鍾敬文，晚年有一妙語：「我從十二三歲起就亂寫文章，今年快百歲了，寫了一輩子，到現在你問我有幾篇可以算作論文，我看也就是有三五篇，可能就三篇吧。」如此自嘲，是在提醒那些在「量化指標」驅趕下拚命趕工的現代學者，悠著點，慢工方能出細活。我則從另一個角度解讀：或許，對於一個成熟的學者來說，三五篇代表性論文，確能體現其學術上的志趣與風貌；而對於讀者來說，經由十萬字左右的文章，進入某一專業課題，看高手如何「翻雲覆雨」，也是一種樂趣。

與其興師動眾，組一個龐大的編委會，經由一番認真的提名與票選，得到一張左右支絀的「英雄譜」，還不如老老實實承認，這既非學術史，也不是排行榜，只是一個興趣廣泛的讀書人，以他的眼光、趣味與人脈，勾勒出來的「當代中國人文學」的某一側影。若天遂人願，舊雨新知不斷加盟，衣食父母繼續捧場，叢書能延續較長一段時間，我相信，這一「圖景」會日漸完善的。

最後，有三點技術性的說明：第一，作者不限東西南北，只求以漢語寫作；第二，學科不論古今中外，目前僅限於人文學；第三，不敢有年齡歧視，但以中年為主——考慮到中國大陸的歷史原因，選擇改革開放後進入大學或研究院者。這三點，也是為了配合出版機構的宏願。

二〇〇八年五月二日
於香港中文大學客舍

目錄

代序：永遠的挑戰：略談歷史研究中的材料與議題

歷史學是一門啟人心智的學問。它對於我們的吸引力，是與它所面臨的挑戰緊密聯繫在一起的。誘導我們走上這條學術道路的，應該說，正是歷史學所仰賴、所辨析的豐富材料，也正是歷史學所關注、所回應的特有議題。

「材料（史料）」與「議題（問題）」，是歷史學者終日涵泳於其間、終生面對且需盡心竭力處理的對象。從某種程度上說，研究水準的高下，正是取決於論著者對於「材料」與「議題」的把握方式。在各學科體系重組、知識結構更新的時代背景之下，希望求得實質性的學術突破，而不是滿足於用語、詞彙的改變，必須從議題的瞭解與選擇、從材料的搜討與解讀開始。

一

就歷史學而言，材料（史料）是我們的源頭活水。梁啟超在其《中國歷史研究法》中說：

「史料為史之組織細胞，史料不具或不確，則無復史之可言。」他也回應了何謂「史料」的問題，指出：「史料者何？過去人類思想行事所留之痕跡，有證據傳留至今日者也。」【一】對於「材料」的敏感程度和調度能力，無疑是對研究者基本素養的考驗。

新議題與新研究的出現，有賴於史料範圍的不斷開拓。當年傅斯年先生「上窮碧落下黃泉，動手動腳找東西」的說法，正體現著這方面的殷切提示。今天的青年學人，頗由於議題難尋、材料匱乏而感覺困擾。走出困境的努力方向，一是尋求新的材料，二是重讀再解原有的歷史材料。

所謂不斷開拓，首先是對於新材料的開掘與運用。「新材料」中的一類，是諸如甲骨文、簡帛、出土文書、內閣檔案等陸續發現的材料，前輩學者對此給予高度的重視與期待。陳寅恪先生在〈敦煌劫餘錄序〉中說：「一時代之學術，必有其新材料與新問題。取用此材料，以研求問題，則為此時代學術之新潮流。治學之士得預於此流者，謂之預流。其未得預者，謂之未入流。」【二】這些新材料，不僅彌補了史料的缺失與不足，更促使著新問題的產生，決定著新的問題回應方式，影響著其後史學發展的路徑。

這類新材料的發現，未必能夠隨即還原出歷史的本來面目，或許帶給我們更多的是由此產生出來的新問題。而學者的任務正在於從這些新出現的問題出發，尋求更多材料的支持，找出解決各類新問題的途徑與方法。【三】

新材料中的另外一類，則是儘管長期存在卻一直被忽視的「邊緣材料」。這類材料從人們視而不見的背景下「湧現」出來，靠的是「問題意識」帶動下的新視角和新眼光。社會史領域的學者們首先感到，要突破根深蒂固的「經典話語系統」，需要把研究的取材範圍從精英著述擴大到邊緣材料。這裡既包括文字資料的拓展（例如正史等傳統文獻之外的檔案、墓誌碑銘、方志輿圖、宗教典籍、醫書、筆記小說、詩詞乃至書信、契約、族譜等等），又包括對於各類實物、圖像、出土材料、考古遺蹟乃至情境場景（發生環境、社會氛圍等）的綜合認識及其與文字資料的互補互證。

材料出「新」，有賴於眼光的「新」。敦煌文書的學術價值，絕非莫高窟的王道士者流所能夠揭示；內閣大庫檔案究竟作用何在，反映著不同學術眼光之間的差距與更迭；如果沒有傅斯年、陳寅恪和李濟等人所代表的新史料觀，沒有他們心目中新的史學追求與問題關懷，殷墟

【一】梁啟超：《中國歷史研究法》第四章〈說史料〉（上海：商務印書館，一九四七年），頁五四—五五。

【二】陳寅恪：〈陳垣敦煌劫餘錄序〉，《金明館叢稿二編》（北京：生活．讀書．新知三聯書店，二〇〇一年），頁二六六。

【三】參見盧向前：〈新材料、新問題與新潮流——關於隋唐五代制度史研究的幾點看法〉，《史學月刊》，二〇〇七年第七期，頁一一—一四。

發掘也不可能具備「近代」之意義[一]。

新材料可以帶動新議題，但有些領域不夠幸運，沒有足以刺激新議題、衝擊原有研究體系的新史料發現，這就更加依靠於傳統史料的再研讀。嚴耕望先生曾經說：「新的稀有難得的史料當然極可貴，但基本功夫仍在精研普通史料。」「真正高明的研究者，是要能從人人看得到、人人已閱讀過的舊的普通史料中研究出新的成果。」[二]黃永年先生在談及治學經驗時也說，他從不坐等稀有材料的出現，而是繼承了陳寅恪、顧頡剛等老一輩學人的做法，「撰寫文章不依靠孤本秘笈而用人所習見之書，要從習見書中看出人家看不出的問題。」「習見書如紀傳體正史中未被發掘未見利用的實在太多了，再利用上幾輩子也用不完。」[三]對於「舊」史料的再思考、新連結，能夠使其凸顯出以往不曾發現的新意。梁庚堯先生在其〈宋代太湖平原農業生產問題的再檢討〉一文中說：「本文所引據的資料，雖然多半出於前輩學者所已使用的範圍，但會有一些個人不同的組織與運用，以及進一步的比較與闡釋。」[四]同樣的材料，切入角度不同、組織方式不同，呈現出的研究面貌便大不相同。

任何專題，都寓含在歷史的整體脈絡之中；任何研究，都需要有基本的材料面。網絡電子資源的豐富，使得今天的資料搜討手段遠遠勝於以往，同時也對研究者的解讀、分析、綜括能力提出了更為嚴峻的挑戰。

對於材料，不能滿足於檢索搜討，更要注重平時的閱讀。老一輩學者經常提醒我們，要看書，不要只抱個題目去翻材料。只抱著題目找材料，很容易漏過真正重要的題目。我們在起步階段要想打下比較堅實的材料基礎，至少需要一兩部有影響力、有份量的史籍用來「墊底」，通過下功夫精讀，壓住自己的陣腳，儲備基本知識，增強解讀能力；進而「輻射」開來，逐步擴大材料面。

進入專題之後，要爭取「竭澤而漁」，要善於選擇最能切近主題的具體材料，這就如同入山採礦，第一反應是要瞭解資源何在，然後要能深入群山。特別是要充分調度角度不同、類型不同而彼此有所發明的材料，形成恰當的「材料組合」。能把哪些材料攬入視野、如何組織這些材料，直接決定著問題的闡發程度。

對於材料，不僅要能收集梳理，還要會比對辨析。「歷史」本身的歷史性，使得史料必然帶有特定的時代印痕與記述者的理解，不可能純粹客觀；對於歷史「真相」的追索與逼近，注

【一】參見王汎森：〈甚麼可以成為歷史證據：近代中國新舊史料觀點的衝突〉，收入氏著《中國近代思想與學術的系譜》（臺北：聯經出版公司，二〇〇三年），頁三四三—三七六。

【二】嚴耕望：《治史經驗談》（臺北：臺灣商務印書館，一九八八年），頁二六—三〇。

【三】黃永年：〈我和唐史以及齊周隋史（代前言）〉，《唐史十二講》（北京：中華書局，二〇〇七年），頁八。

【四】梁庚堯：〈宋代太湖平原農業生產問題的再檢討〉，《臺大文史哲學報》，二〇〇一年總第五四期，頁二六一—三〇三。

定是一輾轉艱難而無止境的過程。材料的比對，或許正是這一過程的出發點。通過材料組合與比較，找出其異同，確定值得闡發的「問題點」進行辨析；辨析中可能牽涉到「事實」，也會關聯到「書寫」。例如，在現存史料中，有關宋代尚書內省的記載，簡略混沌，僅就該機構政和三年（一一一三年）改制一事的性質，《宋會要輯稿．后妃》《宋大詔令集．妃嬪》《九朝編年備要》《宋史》徽宗本紀及職官志等的說法即頗多差互。通過辨析，或印證，或質疑，都會給我們提供更為具體而廣闊的研究空間。

研究中使用的關鍵材料，要真正讀通，要善於「擠壓」「榨取」，充分提取其中的訊息。讀通，一要依靠相關的知識背景，二要勤於查詢。有位博士生，在討論隋代的禁衛武官時，引述《隋書》卷四三〈觀德王楊雄傳〉「遷右衛大將軍，參預朝政」的說法，認為「楊雄為右衛大將軍，可參與朝政，可見禁衛武官不僅帶兵也有決策權」。其實這正如《新唐書．百官志》所說，是「以他官居宰相職而假以他名」之濫觴【二】。基本理解出了問題，導致結論失當，也使得本來可以用來討論制度變遷的寶貴史料從我們的指縫間輕易流失。

二

國內歷史學界有許多傳統的優勢，也承載著尋求學科生長點的迫切壓力。是否能夠準確地把握到學科的「生長點」，關鍵在於是否能夠敏銳地觀察到學術前行過程中核心的「問題點」。「問題（議題）」對於我們的研究，具有一種先導意義。新史學是在社會科學理論方法的刺激下產生的，理論的指導意義不容低估，而理論往往產生於回應「問題」的過程之中。正如于沛在〈沒有理論就沒有歷史科學——二十世紀我國史學理論研究的回顧和思考〉一文中所說的，「回顧二十世紀中國史學發展的歷程，可清楚地看到史學理論的研究和建設，是中國史學發展不可替代的前提；而史學的發展，又不斷提出新的理論問題，有力地促進了對歷史進程或歷史學自身一系列理論問題的研究和探討。」【二】二〇〇六年，廈門大學歷史系曾經召開題為「史料與方法——二十一世紀的中國歷史學」的學術研討會，收到了積極的效果。有參加者指出，「史料」與「方法」在實踐中並非對立，能將二者聯繫起來的關鍵是新的問題意識。有了新的

【一】歐陽脩：《新唐書》卷四六〈百官志〉（北京：中華書局，一九七五年），頁一一八二。

【二】于沛：〈沒有理論就沒有歷史科學——二十世紀我國史學理論研究的回顧和思考〉，《史學理論研究》，二〇〇〇年第三期，頁五。

問題，原有的史料會變成「新」史料，相應也會產生新的方法去處理這些新的史料，繼而形成新的體系。也就是說，引導出新方法的，往往是新的「問題」。同時我們也注意到，學者個人研究方向的選擇甚至畢生的學術事業，往往都是由廣闊的「問題群組」引導的。

有種現象或許值得一提：我們時常感覺到，當試圖說明「問題」這一概念時，難免遇到解釋中的紛擾：是指「疑難」、「困惑」、「麻煩」、「錯誤」，還是指「題目」、「議題」或「關鍵」？這種語彙匱乏的狀況，和西方語境中對於「question」、「problem」、「trouble」、「mishap」與「topic」、「issue」、「point」等詞彙的細緻區分，迥然有別。毋庸諱言，這正體現出，在我們傳統的思維方式中，對於這樣一組相關範疇的認識並非周密充分。

近年來，不少研究著述、學位論文著意於「選題緣起」，會以「問題的提出」開篇，反映出注重問題導向的趨勢。學術「議題」的背後，牽繫著研究者的問題意識。這種意識貫穿於研究的全過程之中，即是要通過思考提出問題、展開問題、回應問題。「問題」決定於眼光和視野，體現出切入角度和研究宗旨，寓含著學術創新點。

「問題」不僅是研究的導引，也有益於促進融通。對於「問題」的關懷，使得各個研究領域的切分界限不再清楚，有利於調動諸多學術門類的研究力，實現多學科的交叉與結合。歷史現實中本沒有畛域的分隔，研究中專科專門的出現是為了針對性集中、為了便於深入，而這種領域的切分也可能造成理解中的斷裂、隔膜與偏頗。近些年的學術實踐使我們看到，以「問題」為中心組織研究，是跨越學科界限、促進交匯融通的有效方式。

歷史學的任務，本在於無限止的認識與再認識。如同史料需要「再發掘」一樣，有不少學術議題，看來有成說、似常識，其實具有「再認識」的空間與價值。社會性別史的研究者關注中國傳統社會中女性的活動空間問題，而如何認識家庭「內／外」，並不像表面上那樣容易斷定區分。高彥頤對於明清女性「空間與家」的研究，即針對這一問題進行了深入的再討論。【一】

認識的「舊」與「新」，不在於提出的先後。要真正保持歷史學的創造性活力，重要的是要保持從研究心態到方法理路的常新。我們應該更加關注提問的方式，學習有層次地展開與回應。研究論著的內容是否具有新意，有時即取決於提問的角度與方式是否敏銳而個性化。提問要自「原點」出發，防範簡單化標籤化的主觀預設；問題不是凝固的平面板塊，要依其自身邏輯拆解分剝，以凸現其「立體」性；設問不能叢脞混雜地堆積鋪排，要把握其內在關聯，「由此及彼，由表及裡」，進階衍生式地合理組織。對於問題的回應，既要立論鮮明、自成一說，又要儘量保持開放性。

【一】高彥頤：〈「空間」與「家」——論明末清初婦女的生活空間〉，《近代中國婦女史研究》第三期（臺北：中央研究院近代史研究所，一九九五年），頁二一——五〇。

三

回顧上一世紀中國歷史學的發展路向，研究者常將以往代表性的學者分為「史料派」與「史觀派」，而仔細看去，史料派並非不具備史觀，史觀派也離不開對於史料的詮解。傅斯年先生在〈歷史語言研究所工作之旨趣〉中「近代的歷史學只是史料學」的說法，引起過許多詮釋與爭議。桑兵教授近期的研究，「用傅斯年的辦法來研究傅斯年的想法」，對此有十分深入的討論。【一】在傅斯年這輩學者眼中，史料學顯然並不簡單等同於史料。如鄧廣銘先生指出的，「這一命題的本身，並不含有接受或排斥某種理論、某種觀點立場的用意，而只是要求每個從事研究歷史的人，首先必須能夠很好地完成搜集史料，解析史料，鑒定其真偽，考明其作者及其寫成的時間，比對其與其他記載的異同和精粗，以及諸如此類的一些基礎工作。祇有把這些基礎工作做好，才不至被龐雜混亂的記載迷惑了視覺和認知能力而陷身於誤區，纔能使研究的成果符合或接近於史實的真象。」【二】事實上，在對待與處理史料方面具備特有主張與方式，形成為學說派別，方可稱之為「學」。

任何一種具有解釋力的研究模式，都需要由微見著的考訂論證作為其邏輯支撐。日本學者一些框架性很強的研究概念，例如「唐宋變革論」、「豪族共同體論」、「基體展開論」、「朝貢體系論」、「地域社會論」等等，也都是從問題的討論中，從實證的基礎上提煉生發出來。

歷史學的議題，有的重在甄別史實、敘述事件，有的重在闡釋、解構與建構，但無論哪種情形，都離不開材料，離不開實證。從根本上講，這是由歷史學的學科性質及特點所決定的。楊訥先生在〈丘處機「一言止殺」再辨偽〉一文中說：「歷史學是一門重實證的學科。『一言止殺』故事，可以分解為相互依存的兩個方面，一是丘處機進言止殺，二是成吉思汗聽其言而止殺。若主張『一言止殺』實有其事，則理應對上述方面均予舉證。」[三]在一些面向大眾的博物館中，會把對於「歷史」的追索比作尋蹤破案，這也體現出「舉證」的重要。學人研究中可能依靠不同的材料；有時從同樣的材料中，也會讀出不同的內容、看到不同的問題，而「舉證」則構成對話交流的平臺。

歷史學的探索，是一項實踐性很強的工作。出色的研究，往往從好的問題開始；而「好」問題是和學術前沿連帶在一起的。設問是在學術史的語境下提出，對學術史的回顧與觀察，正是為了尋求自己的學術起點，也就是論文議題的出發點。學術規範形式上是一系列技術標準與規則，實質上體現著學術意識與境界，是使學術受到尊重、取得進展的根本保證。

【一】桑兵：〈傅斯年「史學只是史料學」再析〉，《近代史研究》，二〇〇七年第五期，頁二六—四一。

【二】鄧廣銘：《鄧廣銘學術論著自選集．自序》（北京：首都師範大學出版社，一九九四年），頁七—八。

【三】楊訥：〈丘處機「一言止殺」再辨偽〉，《中華文史論叢》，二〇〇七年第一期，頁二八三—三一六。

學位論文選擇的「問題」，要具體真切、指向性強，而非懸游浮泛。議題展開是否順暢，關鍵在於「問題」的組合方式，這決定著材料的調度格局，也決定著脈絡的清晰程度。如何合理組織大小問題並引導自己的研究過程，考驗著我們的綜合能力。對於不同的議題，不同的學人，「合理」的方式自然各異，但總體上説，需要大邏輯套攏小邏輯，延展中儘量層次化、綿密化。要注意前與後、彼與此之間的銜接與區別、延續及斷裂；特別是，不僅要注意演進的端點，還要注意連接兩端的路徑與橋樑，探究過渡的層面、鏈條中的環節，這有助於形成新穎切實而富於洞察力與啟發性的認識。

論文寫作中，「材料」與「議題」，彼此不能「錯位」。曾經有位同學撰寫〈元代兩浙婦女生活初探〉，副標題是「以《鄭氏規範》為中心」。我們知道，「婦女生活」是指一種社會「實態」，而《鄭氏規範》體現的主要是「規範」及其滲透的「理念」，如果僅用《鄭氏規範》這一材料來討論婦女生活這一議題，二者容易發生錯位。

四

一波波「新史學」浪潮之中，歷史學的「史」與「論」、材料與問題（議題），一直是學界關注的中心話題；而前行道路上的探索與周折，也通常是由此而起。

理論與方法，對於歷史學來説，是啟示而非模式。吳承明先生贊成「史無定法」之説，並且解釋道，「史無定法」有一個中心點是實證。「我同時把一切理論都看成是方法。」他認為，在方法論上不應抱有傾向性，而是根據所論問題的需要和資料等條件的可能，作出選擇。這一提法，把所有理論都還原為從事歷史分析的具體工具，無疑具有促進思想解放的作用【一】。在歷史學的脈絡中看，適用的「方法」，正是植根於特定的材料與問題（議題）之中。

史料的開拓與問題意識的形成，是學術事業的基點，是健康學風的要求；這離不開學術敏感，離不開自覺建設。從這一意義上説，材料與問題（議題），是對於學業切實的引導，也是對學人永遠的挑戰。

原載《史學月刊》，二〇〇九年第一期。

【一】參見李根蟠：〈市場史、現代化和經濟運行——吳承明教授訪談錄〉，http://economy.guoxue.com/article.php/69，二〇〇三年二月二日；吳承明：〈中國經濟史研究的方法論問題〉，《中國經濟史研究》，一九九二年第一期，頁一—二一；王學典：〈近五十年的中國歷史學〉，《歷史研究》，二〇〇四年第一期，頁一六五—一九〇。

北宋前期任官制度的形成

討論宋代的任官制度，必定會牽涉到兩個重要問題：一是官、職、差遣（特別是官與差遣）的分離及其制度化，二是人事任用權力問題。圍繞相關問題，近年來已有不少文章面世，從不同角度予以闡發、說明，惟追溯源流、論述制度變更過程似嫌不足。本文擬就此談些個人看法，以求正於方家。

就官與差遣的分離而言，僅做靜止狀態下的勾畫絕對不夠，還需要在歷史發展的長期曲折過程中尋其形成脈絡，從而真正準確、深刻地認識它。宋代富有特色的設官分職制度，很難僅僅歸結為宋太祖、太宗等一二代帝王及其謀臣的精明措置。在他們之前，晚唐五代的精英人物們已在艱難地摸索解脱困境的出路，無數經驗教訓的累積使得調整變革的思路漸趨明晰。宋初政治領袖們對於任官制度的貢獻，與其說是創建了一套全新的制度，不如說是在強化中央集權的大背景下，對於二百年間不斷變更的任官制度加以整理、改造；而且，當時的設官分職，決非先規劃出藍圖再廣泛推行，恰好相反，是在「摸著石頭過河」的過程中，陸續完成了這樣一套體制。要真正理解其形成，必須將我們的研究視野拓得更寬，以王朝之廢立劃為斷限的方法，至少在這類問題的研究中是不合宜的。這正如王賡武教授所說，中國歷史上很多重大的課題，往往被傳統的以王朝為單位的研究方式遮蔽模糊了。【一】

一、「官」與「差遣」分離制度溯源

中國古代曾經存在著兩種類型的「官」：一種是職事官，一般來說，親職事者謂之職事官，其名銜與所掌事任直接相連；另一類是標誌品位、階秩的階官。階官在歷史上有過不同的形式和內容，僅就從隋到宋而言，隋唐時期為文武散官，北宋元豐以後為寄祿官；而宋代前期的情況似乎比較特殊，一方面文昌會府廢為閒所，另一方面階官卻偏偏採取了三省六部職事官的名稱。

《宋史．職官志》總序部分，在講到宋代設官分職之制時，說：

臺省寺監官，無定員，無專職，悉皆出入分涖庶務。故三省六曹二十四司類以他官主判，雖有正官，非別敕不治本司事，事之所寄，十亡二三……其官人受授之別，則有官、有職、有差遣。官以寓祿秩、敘位著，職以待文學之選，而別為差遣以治內外之事。【二】

【一】Wang Gungwu, *The Structure of Power in North China during the Five Dynasties*, Stanford University Press, 1957, p.2.

【二】脫脫等：《宋史》卷一六一〈職官志一〉（北京：中華書局，一九八五年），頁三七六八。

是為北宋前期官、職、差遣分離制度之大概。

這種設官分職的方式，突出地將「正官」與其職事區分開來，雖然名稱紊亂混淆，治事系統卻明確集中。從實踐中看，務實應變的色彩很強。

官員品位與事任的分離、並立，決非始於北宋，這點自無疑問。而說到官與差遣的分離，通常是指身居「職事官」，卻又與「本任」分離而另領他事。那麼，這一制度是如何形成的呢？

在中國傳統社會中，名義上皇帝握有一切權力，臣僚領受其旨意，作為其代理人去實施統治及管理的職能；而事實上，在施行過程中，臣僚勢必部分地擁有自行決定的權力。從這個意義上說，君主「絕對集權」是不可能的。因此，帝王對於臣僚既有任用的一面，又有防範的一面。在官僚群中，在承認帝王人事大權的同時，亦要求自身的基本權益、地位有所保障。雙方利益衝突、折衷的結果，使君主往往不直接觸動在任官員的原有地位，轉而臨時任用一些身分相對低微者及左右親從，或委以伺察群僚之事，或委以掌管機要之任，或委以參議政事之權。早在西漢時，即產生出「秩卑而命之尊，官小而權之重」【一】的刺史制度。「秩」與「命」分離、「官」與「權」不侔，使最高統治者便於駕馭，亦促成了上下內外百官庶僚相互維繫的機制。可以說，這種「分離」狀況的不斷出現與陸續調整，從一個側面反映出歷史上官僚任用制度的逐漸成熟。

具體地說，隋唐以來，職事官系統與散官系統的並行，從制度上明確了治事系統與品階系統的分立。而在此基礎之上，職事官體系內部，又發生著進一步的複雜變化，并從而產生了以「職事官」與「差遣」相分離為特徵的設官分職方式。如孫國棟先生在〈宋代官制紊亂在唐制的根源〉中所說，促成這種變化的主要原因有三：一是由於政治局面轉變，舊的官制不能應付新環境，以至不少舊職事官職權墮落；二是舊官制既不能切合新事機，重要公務只得另派「使」「職」負責，而帶本官銜（或加以職事官銜），職事官逐漸變為不任事之空銜；三是原用以敘品階的散官，由於授受太濫（特別肅、代、德宗三朝），不為人所重，不得不以中央職事官（尤其不負實際責任而又「地高望崇」者）作為賞功勳、敘位望的空資格。【二】

唐代職事官之濫授，有兩大「高潮」階段。一是武后為擴大政權基礎，大設試官以甄別能否，廣置員外而寵以祿位，「殊不知名實混淆、品秩貿亂之弊，亦起於是矣」【三】。二是中晚唐時期「兵革不息，財力屈竭，勳官不足以勸武功，府（庫）不足以募戰士，遂并職事官通用為

【一】顧炎武著，黃汝城集釋，欒保群、呂宗力點校：《日知錄集釋》卷九〈部刺史〉（上海：上海古籍出版社，二〇〇六年），頁五二八—五二九。

【二】孫國棟：〈宋代官制紊亂在唐制的根源〉，載氏著《唐宋史論叢》（上海：上海古籍出版社，二〇一〇年），頁二六一。

【三】《宋史》卷一六一〈職官志一〉，頁三七六八。

賞」【一】。職官之賞，使職事官隊伍的成分及性質發生了嚴重變化，冗濫猥雜而無法正常運作。這無疑大大加深了職事官隊伍的分化程度——其中既有治本司事者，又有帶本官充他職者，更有坐領俸祿者，同時，也加速了所謂「職事官階官化」的過程。這成為宋代以職事官為階官、以差遣任實職的直接原因。

前兩條原因相互關聯，是與制度本身直接相涉的、更為深刻的原因。職事官與其職事的分離，是在以用人權力為關鍵的衝突中，在舊制度與新事機的矛盾運動中，隨著「帶本官充他職」現象的普遍化而發展起來的。對此，有必要做稍為詳細的說明。

（一）以他官居宰相職

唐承隋制，本以三省長官為宰相之職。而如歐陽脩在《新唐書·百官志》中所說：

> 其品位既崇，不欲輕以授人，故常以他官居宰相職而假以他名。自太宗時，杜淹以吏部尚書參議朝政，魏徵以秘書監參預朝政，其後或曰「參議得失」、「參知政事」之類，其名非一，皆宰相職也。【二】（按：著重號係筆者所加。）

以這種辦法，或借重於功臣元勳的經驗，或吸收資格較淺者參政。長此以往，勢必帶來原居職事官與其實際職位的分離。不過，開元以前，這種性質的分離尚不徹底，帶本官任相職者「午前議政於朝堂，午後理務於本司」【三】，並未完全脫離本司事務。

（二）檢校、攝、判、知

早在唐代前期，已有由中央特授的檢校、攝、判、知等名目。例如貞觀年間杜如晦檢校侍中、攝吏部尚書，民部侍郎兼檢校兵部侍郎盧承慶知五品選事等。【四】這些職任在當時多係特命，資格方面限制較寬，運用靈活。不僅任職者的品位與所委事任間多有差距，而且所「攝」、「知」的事務皆非其本官之職（儘管亦有仍理本官事者），用盧承慶的話說，是「越局」【五】

【一】司馬光：《溫國文正司馬公文集》卷六五〈百官表總序〉，《四部叢刊》初編影印宋紹熙刊本（上海：商務印書館，一九二九年），葉一四b。

【二】歐陽脩：《新唐書》卷四六〈百官志〉（北京：中華書局，一九七五年），頁一一八二；參見劉昫等：《舊唐書》卷七一〈魏徵傳〉（北京：中華書局，一九七五年），頁二五四八；劉肅：《大唐新語》卷八〈文章〉「杜淹」條（北京：中華書局，一九八四年），頁一二三。

【三】杜佑著，王文錦等點校：《通典》卷二三〈職官五·吏部尚書〉（北京：中華書局，一九八八年），頁六三二。

【四】歐陽脩、宋祁撰：《新唐書》卷九六〈杜如晦傳〉，頁三八五九；卷一〇六〈盧承慶傳〉，頁四〇四七。

【五】《舊唐書》卷八一〈盧承慶傳〉，頁二七四八。

「出位」【一】掌他職。就其性質而言，即屬於臨時差遣官之類。帝王經常以此表示對於某人的倚重或對於某事的重視。

《新唐書·百官志一》說：

> 初，太宗省內外官，定制為七百三十員（按：據《通典·職官典一》，貞觀時「大省內官，凡文武定員六百四十有三而已」。該說近是。【二】）……然是時已有員外置，其後又有特置，同正員。至於檢校、兼、守、知之類，皆非本制。【三】

可見，幾乎在定制的同時，朝廷即已開始突破「本制」約束，而在規定之外另設權宜職任了。唐代的官制，與其他任何制度一樣，是在施行過程中不斷調整的，祇有在變動之中，纔能認清其實際面貌。或許可以說，前期所謂「官制的特別運用」，與其後的「變制」、「亂制」有著內在的聯繫，有時甚至很難將二者斷然區分開來。

至於「行」、「守」之類說法（「凡注官，階卑而擬高則曰守，階高而擬卑則曰行」【四】），主要用以表示職事官與其本品（散階）之間的高下差異，而不是指職事官與其差遣事務的分離。

（三）使職差遣普遍化，尚書六部漸失職守

使職，本「因事而設，事已則罷」，如監考使、校考使之類。凡任使職者，都帶著自己原有的職事官銜，卻不再經管原職任內的事務，所居職事官成為其地位、待遇等次的一種標誌。正像職事官的散品為其「本品」一樣，此時的職事官成了受差遣者的「本官」。

唐玄宗時期，「設官以經之，置使以緯之」的做法，形成為「一代之制」【五】，以本官充職的做法已經十分普遍。「安史之亂」後，節度、觀察、防禦、團練諸使各辟僚屬，開府治事。《舊唐書．職官志三》在講到節度使及其屬官時，注云「檢討未見品秩」【六】。針對該注，錢大昕《廿二史考異》卷五八加案語說：

節度、採訪、觀察、防禦、團練、經略、招討諸使皆無品秩，故常帶省臺寺監長官

【一】《新唐書》卷一〇六〈盧承慶傳〉，頁四〇四七。
【二】見杜佑著，王文錦等點校：《通典》卷一九〈職官一〉（北京：中華書局，一九八八年），頁四七一。
【三】《新唐書》卷四六〈百官一〉，頁一一八一。
【四】李林甫等撰，陳仲夫點校：《唐六典》卷二〈吏部尚書〉（北京：中華書局，一九九二年），頁一八。
【五】《通典》卷一九〈職官一．歷代官制總序〉，頁四七三—四七四。
【六】《舊唐書》卷四四〈職官三〉，頁一九二二。

銜，以寄官資之崇卑。其僚屬或出朝命、或自辟舉，亦皆差遣無品秩。如使有遷代，則幕僚亦隨而罷，非若刺史、縣令之有定員有定品也。【一】

節度等使如此，其他如鹽鐵、轉運等使莫不如是。不僅使職如此，其他如內廷備顧問的翰林學士、外朝理政事的同平章事，都是差遣職任而非在《官品令》中規定了階次的「官」，因此皆無品秩，必須「假以它官，有官則有品，官有遷轉，而供職如故也」【二】。這裡的職事官銜皆脫離了原有職事，顯然祇用來「以敘常秩」【三】了。

以往權宜設置的使職差遣之普遍化，使尚書省六部所轄職任在很大程度上被抽空了。《文苑英華》卷六〇一，載于邵大曆初年所撰〈為趙侍郎陳情表〉，其中說到尚書省當時的情形：

屬師旅之後，庶政從權，會府舊章多所曠廢。惟禮部、兵部、度支職務尚存，頗同往昔；餘曹空閒，案牘全稀，一飯而歸，竟日無事。【四】

貞元中，陸長源〈上宰相書〉更指出：

尚書六司，天下之理本。兵部無戎帳，户部無版圖，虞水不管山川，金倉不司錢穀；光祿不供酒，衛尉不供幕，秘書不校勘，著作不修撰，官曹虛設，祿俸枉請，計考者假而為資，養聲者藉而為地。一隅如是，諸司悉然。【五】

據此，職事官系統失其職任的現象已經十分明顯。原職事官設置、名銜雖仍保留不變，卻已不預實事，祇剩下據以請俸祿、敘資考的作用了。這無疑從根本上破壞了原有的整套設官分職制度，而開啟了通往宋代「官以寓祿秩、序位著」的門徑。

上述諸因素、諸過程的交互運動，使得唐代後期的「官」與差遣之「職」成為明顯區分的

【一】錢大昕：《廿二史考異》卷五八〈舊唐書．職官志〉，《嘉定錢大昕全集》（增訂本）第四冊（南京：鳳凰出版社，二〇一六年），頁一〇一九。

【二】錢大昕：《廿二史考異》卷五八〈舊唐書．職官志〉，《嘉定錢大昕全集》（增訂本）第四冊（南京：鳳凰出版社，二〇一六年），頁一〇一九。

【三】元稹撰，冀勤點校：《元稹集》卷四八〈王沂河南府永寧縣令等（制）〉（北京：中華書局，一九八二年），頁五一八。

【四】李昉等編：《文苑英華》卷六〇一〈為趙侍郎陳情表〉（北京：中華書局，一九六六年），頁三一二三下。

【五】陸長源：〈上宰相書〉，載《唐文粹》卷七九，《四部叢刊》初編影印江安傅氏雙鑑樓藏明嘉靖刊本（上海：商務印書館，一九二九年），葉四 a—四 b。

兩個系統。白居易在〈有唐善人（李建）碑〉中說：

> 公官歷校書郎、左拾遺、詹府司直、殿中侍御史、比部．兵部．吏部員外郎、兵部．吏部郎中、京兆少尹、澧州刺史、太常少卿、禮部．刑部侍郎、工部尚書；職歷容州招討判官、翰林學士、鄜州防禦副使、轉運判官、知制誥、（知）吏部選事；階中大夫；勳上柱國；爵隴西縣開國男。【一】

五代時期，馮道在〈長樂老自敘〉中，也把自己的經歷分為階、職、官諸項，分別羅列出來。

可以看出，在當時，依制度令文之規定設立、依次正式除授者即為「官」；應局勢需要，因事而設、臨時差委者即為「職」。值得注意的是，當時，在職事官體系之內，存在著分化不一的狀況：有些職務實涖其事，有些則已不領實職了。受差遣者原居之本官，尚未完全演變為純粹代表身分的標誌，待卸去差遣職任後，往往仍回本司視事。即以李建為例，他中進士後，首試校秘書郎，以該身分判容州招討事，後來調為本官；又以殿中侍御史銜，出任鄜州防禦副使，不久「歸為殿中侍御史」【二】。

職事官體系與使職體系交叉，帶職事官而理差遣事任，出則任差遣，歸則復本任，這種辨法的普遍行用，很容易造成官員管理中的混亂與不便。諸如帶本官者與其「本曹」的關係、以及是否應按「在朝敘職、入省敘官」的原則排列次第等敏感問題，自唐至宋爭論不休。【三】

中晚唐時期，既是以種種權宜措置破壞原有官制的過程，又是嘗試對設官分職之制進行整理，力求建立能夠相對穩定運轉的官僚機制的過程。

這一階段中，職事官隊伍已經改變了性質，而差遣體制尚未發育成熟，反映在任官制度中，實際上出現了「雙軌制」的局面：一方面，「官」有員額有品秩，卻不一定有事權；另一方面，擁有事權的差遣「職」，卻由於本屬權宜設置，任命不經有司，既無品秩又無員額。這種狀況引起了士大夫們廣泛的關注和議論。當時整理任官制度的努力，歸結起來，是希望恢復（而非另建一套）以職事官為中心，把官稱、員闕、品秩、事任聯繫在一起的設官分職方式。

早在武后時期，李嶠為吏部尚書，許員外官釐務，「至與正官爭事相毆」，於是用「停員外

【一】白居易著，謝思煒校注：《白居易文集校注》卷四〈碑碣〉（北京：中華書局，二〇一一年），頁一六三—一六四。

【二】參見《元稹集》卷五四〈唐故中大夫尚書刑部侍郎上柱國隴西縣開國男贈工部尚書李公墓誌銘〉，頁五八五。

【三】李攸：《宋朝事實》卷九，叢書集成初編本（北京：中華書局，一九八五年），頁一四〇。

官釐務」〔一〕的辦法，把他們與正員官加以區別，維護了職事官的正常工作秩序。中宗、韋后時期過後，宋璟、姚元之主持銓選，一改逆用數年員闕以遷就選人的做法，以「量闕留人」為方針，盡力保證治事隊伍的效能。直到德宗時期，陸贄提出注擬時「計闕集人」的原則，進一步明確了銓選中以職事官「闕」為本位的思路與政策。面對官員總額劇增陡漲的形勢，朝廷中的有識之士逐漸把限制冗濫的著眼點轉移到直接選授任職的「闕」額方面。於是，不僅有正員官與員外官的區分，又有了「釐務」與不釐務、「視職」與不視職、「占闕」與不占闕的類別〔二〕。

不過，事實上，當時銓司面臨的困境，並不僅僅是由於官額多溢造成的。此時的任事官僚，既有由君相直接任命者，又有歸諸道使府、諸差遣使職自行辟署者；與大量「《令》外闕次」相比，中央人事部門（吏部）能夠掌管的，已屬十分有限。而且，即使按規定應歸吏部注擬的職任，即所謂「繫部闕員」，如州縣系統地方官之類窠闕，亦有不少被方鎮侵奪去了。這樣，「爭闕」即構成中晚唐爭奪人事權力的主要內容之一。吏部乃至中書門下反復論訴，朝廷三令五申，企圖保住銓司員闕，卻終於收效甚微。另外，更由於官與差遣的脱節，在冊之闕與其實際事權發生了分離。以往銓司主要靠「注官填闕」來實施其人事任用權，此時，即便能夠控制在冊闕次，也不可能再藉此實施對於整個實際任事的官僚隊伍之管理了。

二、北宋初期對於任官制度的整理

北宋初期對於任官制度的整理，是上承前代之嘗試而來的。《朱子語類》卷一二七〈本朝一〉，記載了朱熹與弟子們一番耐人尋味的對話：

或言太祖受命，盡除五代弊法，用能易亂為治。曰：不然。祇是去其甚者，其他法令條目多仍其舊。大凡做事底人，多是先其大綱，其它節目可因則因，此方是英雄手段。【三】

宋初帝王及其謀臣充分注意到了前代中央與諸道鬥爭中雙方採用過的有效方法，對於以往的權宜措置，抓住適宜時機，一一加以清理整頓：有的予以摒棄，有的加以限制，有的大體上繼承不變，有的則在調整之後固定下來，最終形成為影響久遠的一代之制。

【一】《新唐書》卷四五〈選舉志下〉，頁一一七六。

【二】《通典》卷一九〈職官一．歷代官制總序〉，頁四七四。

【三】黎靖德編，王星賢點校：《朱子語類》卷一二七〈本朝一〉（北京：中華書局，一九八六年），頁三〇四二。

（一）從限制使府辟署，到「幕職悉由銓授」

唐代後期以來，藩鎮使府辟署制度在社會政治生活中起著相當重要的作用。入幕任事者之「職」，全由方鎮府主確定；而其「官」，則奏請中央授予。這種授予幕職的「官」，一般是標誌其身分及遷轉資歷的檢校官或憲銜。

按照制度，州縣系統的職任，不同於使府幕職，應該由中央吏部負責依闕除授。但唐代後期，藩鎮往往擅自派僚屬攝知其轄區內的州縣職事，而不向中央申闕。代宗時曾在一定限度內承認了這種局面，詔「諸州府錄事參軍及縣令，其有帶職、兼官、判、試、權、知、檢校等官者，自今已後，吏部不在用缺之限」【一】。號稱「中興」的憲宗元和年間，呈半獨立狀態的魏博，管內州縣官二五三員，一六三員由藩鎮差人假攝，九十員報經有司注擬【二】；淄青鎮向不申闕，李師道被誅討之後，鄆曹濮等十二州州縣官員闕才歸吏部注擬【三】。武宗、宣宗時，承認了藩鎮選薦縣令、錄事等「當府充職」的權力【四】。這種藩鎮逕自差人假攝、或匿闕不申、或「所奏悉行」的狀況，使得格式司無從掌握地方官署置實情，吏部銓選無闕可注，中央人事權力被嚴重朘削了。

與上述過程同時，亦有多次企圖限制諸道州府用人權力的努力。這些嘗試，主要不是針對各種差遣職任，而是集中在爭奪州縣正員官闕方面。此類規定，不外乎限制諸道奏報人數、被奏者的身分（白衣、前資抑或現任）等等。儘管如此，亦難以奏效。這首先是由中央與地方的力量對比態勢造成的；其次，吏部拘泥案牘的銓選方式，也遠不及當時諸藩用人方式之注重實際、靈活而有生氣。

五代時期，在空前規模割據混戰的同時，亦出現了由亂向治轉化的端倪。當時，各府州縣邑的治事權，很大程度上掌握於武夫悍將之手，或係武人視職、或經藩鎮辟署。中央政權深知其中利害，因而倚軍事實力為後盾，不懈地進行著集中權力的鬥爭。

後梁開國後，戰事尚未平戢，原係強藩節帥的梁太祖朱溫就開始著手削奪諸道藩鎮的用人權力。開平四年（九一〇年）四月，「敕天下鎮使，官秩無高卑，位在邑令下」。六月，魏博節度使羅紹威卒，朱溫一面表示哀慟，一面卻加緊動作，於九月內宣佈魏博管內諸州，並依河南諸州例，刺史得以專達朝廷，而不許由節度委派的曹官越權攝事。【五】

後唐除依前代辦法，限制節度、防禦諸使奏薦人數外，進而爭取直接控制更多的闕額。同

【一】王溥：《唐會要》卷六九〈縣令〉（上海：上海古籍出版社，二〇〇六年），頁一四四一。
【二】《唐會要》卷七五〈雜處置〉，頁一六一五。
【三】王欽若等編：《宋本冊府元龜》卷六三一〈銓選部·條制三〉（北京：中華書局，一九八九年），葉三b—四a，頁二〇三四。
【四】《宋本冊府元龜》卷六三二〈銓選部·條制四〉，葉一a，頁二〇四一。
【五】薛居正等：《舊五代史》卷五〈梁書·太祖紀五〉（北京：中華書局，一九七六年），頁八三、八六。

光二年（九二四年）三月規定，「州縣官任滿三考，即具關申送吏部格式，候敕除銓注。其本道不得差攝官替正授者。」【一】天成二年（九二七年），更要求將府州僚佐與使府幕職區別開來，錄事參軍不得由幕職兼任。【二】

這些規定中貫穿的共同趨勢是，力圖把州縣職事官系統與使府幕職系統明確加以區分；增重、提高州縣系統在治理地方事務中的權力和地位；州縣官員由中央任命，向中央負責，而不許諸道自行攝署。這些措置，自然在中央政府與諸道藩鎮的力量對比已經發生著變化的前提下才有可能施行；而即便衹是部分的實施，也在長期過程中進一步改變著中央與諸道的力量對比。

後周在收繳地方人事權力方面做得更為堅決。據《五代會要》卷二四〈諸使雜錄〉：

> 廣順元年五月敕：今後諸州府不得奏薦無前資及無官並無出身人。如有奇才異行，亦許具名以聞，便可隨表赴闕，當令有司考試，朕當親覽。【三】

除去依舊從身分上予以限制之外，這一規定最關鍵之處，在於要求州府奏薦者赴闕，並要經中央有關部門考試，皇帝親自裁決；而不再是泛泛地要求諸州府奏薦「前資正官」，亦不再像唐代後期「有奏皆署」了。就解決州府擅自辟署造成的弊端而言，這無疑是一果斷的措置，朝向「幕職銓授」邁出了重要的一步。

有不少跡象表明，大批基層州縣官員陸續歸到銓司參選。由於當時政權變動頻仍，甄別這些人的身分、資格成為困擾銓司的一大問題。對於正官告敕、解由、曆子、考牒等文解的磨勘，失墜者的處理辦法，對於攝試官換出身、改正員的規定，逐朝逐代都在討論、修訂、重申。【四】

與上述過程同時，是銓司權力的趨於集中。後唐天成四年規定，吏部三銓官員共同商量注擬，三銓公事衹署「吏部尚書銓」印；後周廣順元年（九五一年），更指出毋需將員闕及選人分三處除授，明令「三銓公事併為一處」，從而提高了注擬效率【五】。

宋朝建立後，總結了前代「方鎮太強、君權太弱」的教訓，致力於進一步削奪藩鎮權力，

【一】王溥：《五代會要》卷一九〈刺史〉（上海：上海古籍出版社，二〇〇六年），頁三一二；《宋本冊府元龜》卷六三二〈銓選部．條制四〉，葉四a，頁二〇四二。

【二】《五代會要》卷一九〈縣令上（錄事參軍附）〉，頁三一四。

【三】《五代會要》卷二四〈諸使雜錄〉，頁三九三。

【四】《五代會要》卷一七〈雜錄〉〈試攝官〉〈偽官〉，頁二七七—二八二；卷二一〈選事下〉〈選限〉，頁三三七—三四九。

【五】《五代會要》卷二二〈雜處置〉，頁三五三、三五五。

強化中央集權。在這個大氣候之下，繼續進行任官制度的整頓。

太祖趙匡胤首先著手加強銓司職能。建隆三年（九六二年）冬至乾德二年（九六四年）春，兩次詳定《循資格》、定《四時參選條件》，并且重申了前代有關州縣官赴銓除官的詔令。而此時的藩鎮，經過五代數十年間的激烈較量，加以北宋種種防範、制禦措施，已不再具有同中央頡頏抗衡的實力。

在這種情況下，乾德二年三月，以吏部尚書張昭致仕為契機，銓司掌管的事務有了一番調整與變革。《續資治通鑑長編》卷五，乾德二年三月乙酉條載：

> 昭為吏部尚書領選事，凡京官七品以下猶屬銓。及昭致仕，始用它官權判，頗更舊制；京官以上無選，並中書門下特除；使府不許召署，幕職悉由銓授矣。[一]

變更的內容大體上是三方面：一是原屬偶然的「他官判銓司」形成為制度。二是此後京官以上不再到銓司參選，而歸中書門下直接除注（即所謂「堂除」），吏部銓司負責的衹是幕職州縣官了。這一做法持續到太宗時期，京朝官差遣院、磨勘院及其後取代兩院的審官院之設立，使除授工作分成了三大層次：緊要員闕、清望官員的特除歸中書門下，一般京朝官歸審官院，幕職州縣官歸吏部流內銓。元豐五年（一〇八二年），經蘇頌建議，文職京朝官歸吏部尚書左選，幕職州縣官歸侍郎左選。

第三個方面，是不許藩鎮使府自行辟署官員，即使原歸屬於使府系統的幕職官（包括兩使職官與初等職官）此時亦須經由銓司除授了。中央派遣的使府僚佐，自然傾向於與中央維持良好關係，很難再成為諸節度割據獨立的謀士與助手。

這時，《少尹幕職官參選條件》應運而生。這一《條件》，規定了自初等職官至兩使職官的四個遷轉階次，明確了幕職官的參選方式及其在整個選人序列中的位置。中唐至此，銓選中情勢迴異：中央成功地收奪了藩鎮人事權力，不僅州縣官一般不再由幕職、親將兼攝，還繼而集中了對幕職官的任用權。此後，使府系統與州縣系統的分立雖然痕跡仍存，使府幕職與州縣僚佐卻不再分歸兩類不同部門除授了。事實上，此後節度使已漸無職權事任，因此，幕職官一般是直接服務於州府長官的。這正如馬端臨所說，「蓋雖冒以節度推官、觀察推官、判官、書記、支使等名，而實則郡僚耳。」【二】幕職官與州縣官合併為四等七階上下有序的一大系統，歸屬分明，次第清楚，「自是銓選漸有倫矣」【三】。

【一】李燾：《續資治通鑑長編》（以下簡稱《長編》）卷五，乾德二年三月乙酉（北京：中華書局，二〇〇四年），頁一二三。

【二】馬端臨：《文獻通考》卷六二〈職官考一六〉（北京：中華書局，二〇一一年），頁一八八〇。

【三】《長編》卷五，乾德二年七月庚寅，頁一三〇。

不過，在宋代，幕職銓授雖已成為定制，但由地方長官奏辟僚屬的情形始終存在。蘇轍就曾被南京留守張方平辟為簽書應天府判官。《文獻通考》卷一九〈選舉考一二〉中，對奏辟之制有大段文字敘述，此處不贅。

（二）京朝官「知軍州事」與「知縣事」制度的形成

北宋官與差遣分離之固定化，與「尚書、郎曹、寺官出領外寄」即知州、知縣，有直接關係。

知州，全稱「知軍州事」，其設立，通常被認為是宋太祖「坐銷外重分裂之勢」【二】的一大發明。《文獻通考》卷六三〈職官考一七〉中有一段記載：

> 宋太祖開基，革五季之患，召諸鎮會於京師，賜第以留之，分命朝臣出守列郡，號「權知軍州事」。軍謂兵，州謂民政焉。其後文武官參為知州軍事。【三】

「命朝臣出守列郡」以對付藩鎮的做法，唐代元和初年就曾經採用過。但當時祇是「出郎吏十餘人為刺史」，並非以朝臣身分「知」外任事。

知軍州事制度之形成，在歷史上是經過了一個漫長、曲折的過程的。僅僅圍繞北宋初期情況來講，難以真正瞭解其原委。從晚唐由諸道辟署的幕職、武將「權知軍州事」，到五代中央開始派朝官出知軍州事，又經過北宋初期的多年努力，才形成了以朝官（主要是文臣）知軍州事的一套做法。這一措施，是在中央政府加強集權的鬥爭中成熟起來的，而唐代後期竭力向中央爭奪州縣治事權的藩鎮，在促使該制形成方面，曾起過不容忽視的作用。

如前所述，自唐以來，檢校、判、知一類職銜日益增多，「皆是詔除而非正命」。其中，「知者，云知某官事」。宋太宗初年，李昉曾解釋說：「唐朝……或官卑則言知某官事，或未即真則言權知某官事，或言檢校某官事。」【三】這些做法的特點之一，在於其所居之官與所任之事的分離。在內官系統中，帶本官知它司事者屢見不鮮。如憲宗時許孟容以兵部侍郎知禮部貢舉、穆宗時元稹以祠部郎中知制誥等是。外官系統則尤為突出。武則天時，就曾選派鳳閣侍郎韋嗣立、御史大夫楊再思等二十人外任，「以本官檢校刺史」。【四】

【一】徐松輯，劉琳等校點：《宋會要輯稿．職官》一之七四引《神宗正史．職官志》（上海：上海古籍出版社，二〇一四年），頁二九七八上。

【二】《文獻通考》卷六三〈職官考一七〉，頁一八九六。

【三】《長編》卷一八，太平興國二年四月乙卯，頁四〇三。

【四】《舊唐書》卷一五四〈許孟容傳〉，頁四一〇二；《元稹集》卷四〇〈制誥序〉，頁四四二；《通典》卷三三〈職官一五．郡太守〉，頁九〇九。

知州事，起初並不是作為固定官銜出現的。非經正式選補而臨時委派視事者，常用此名目。唐代前期即有不少以諸州上佐等官「知州事」的例子。中期以後，有了「知府事」、「知州事」入銜的情況，這在河朔等地比較多見。例如德宗貞元時有「知恆府事」王士真、文宗大和初有「權知瀛州事」李振等等。大約同時，在中央正式除授職任的制誥中，出現了「權知京兆尹」、「權知絳州刺史」、「權知華陰縣令」一類名銜，以「知」字冠於原官稱之前，形式略有不同。【一】

當時，諸道使府不僅自辟僚佐，對於州縣長吏等職任亦不放過，利用中央無力控御之機，自除官員攝事，有的且委以專門名義。由於這些藩鎮與中央朝廷維持著一種若即若離的關係，「須借朝廷威命以安軍情」，因此，他們舉奏委派的州郡長官，祇稱之為「攝某州事」或「權知某州軍州事」，而不正式稱為刺史。

僖宗時，服務於淮南節度高駢麾下的崔致遠主行文書事務，在《桂苑筆耕集》中，有他當時起草的奏狀及除授墨敕等等。其中，卷四載「奏楊行敏知廬州軍州事」狀，卷一三有「授高霸權知江州軍州事」墨敕牒詞。這些被任用為權知軍州事者，多是立有戰功的軍將。

五代十國時期，「權知軍州事」等職任，已經十分普遍，而且決不限於五代相繼統治的中原地區，在諸國控制下的南方，亦很常見。除知州事外，有知軍監、知縣事，甚至有知高麗國事，等等。但當時相當數量的知軍州者仍屬於武夫悍將之類，有時甚至是由將吏們臨時推立的。

據《舊五代史．梁書．太祖紀四》，開平三年七月，「商州刺史李稠棄郡西奔，本州將吏以都牙校李玟權知州事」【二】。由於李玟並未獲得正式名銜，故《通鑑》取《實錄》說法，稱之為「主州事」【三】。又據〈太祖紀六〉，乾化元年（九一一年）二月，蔡州將吏奉順化軍指揮使王存儼為主，朱溫綏撫其眾，即命存儼以「權知軍州事」【四】之職。

五代各中央政權懲諸道武夫專橫之弊，在加強集權的過程中，漸以朝臣（特別是文臣）帶本官出典州郡，並制訂政策，鼓勵朝臣外任【五】。後晉司徒詡歷知許、齊、亳三州事【六】；開運元

【一】參見《唐會要》卷六八〈刺史上〉、卷六九〈刺史下〉；陳子昂：《陳伯玉文集》卷五〈唐故朝議大夫梓州長史楊府君碑〉，《四部叢刊》初編本，葉一三b；《舊唐書》卷一三〈德宗紀下〉，頁三七九—三八〇；北京圖書館金石組、中國佛教圖書文物館石經組編：《房山石經題記彙編》第三部分〈佛說鴦掘摩經〉（北京：書目文獻出版社，一九八七年），頁二二三；《元稹集》卷四六〈盧士玫權知京兆尹制〉，頁五六九；權德輿：《權載之文集》卷一六，《四部叢刊》初編影印無錫孫氏小綠天藏大興朱氏刊本（上海：商務印書館），葉七a；《白氏文集》卷三七，葉二a。

【二】《舊五代史》卷四〈梁書．太祖紀四〉，頁七一。

【三】《通鑑》卷二六七，開平三年七月，頁八七一三。

【四】《舊五代史》卷六〈梁書．太祖紀六〉，頁九四。

【五】《五代會要》卷一三〈起請雜錄〉，頁二一七—二一八。

【六】《舊五代史》卷一二八〈司徒詡傳〉，頁一六九二。

年（九四四年），給事中邊光範權知鄭州，後周廣順初又知陳州【一】；嗣後，如將作監李瓊先後知亳州、陝州軍州事，顯德中昝居潤歷知青州、鳳翔、河中與開封府事等等【二】，不一而足。「權知軍州事」等類名銜，本用來表示屬於過渡性質的臨時職務；這一職務逐漸演變為相對固定的差遣職任，即如顧炎武所說，「以權設之名為經常之任」【三】，用了從晚唐到宋初百餘年的時間。

廣順三年（九五三年），賞武平軍留後劉言、節度副使王進逵等攻收湖南之功，將王進逵「權知潭州軍州事」職銜進改為「行潭州刺史」。【四】這時，顯然仍認為刺史地位稍高，是「即真」後的一種正式職銜。顯德元年（九五四年），以武安軍節度副使、知潭州軍府事周行逢為鄂州節度使、知潭州軍府事，加檢校太尉；次年，「以左諫議大夫、權知開封府事王朴為左散騎常侍、充端明殿學士，依前權知開封府事」【五】。看來，在當時，知軍州、軍府事之類差遣開始成為相對穩定的職任，文武任職者遷轉之際，有時可以祇陞陟其職事官或檢校官，而繼續充職如故。不過，直到北宋開寶五年（九七二年），當太祖趙匡胤與趙普、辛仲甫談及文臣出領大藩問題時，他心目中的州郡最高長官仍是「刺史」，而非「知軍州事」【六】。這恰恰表明，「知軍州事」制度不是趙匡胤們預先設計好統一向全國各地推行的，而是在由個別到普遍的實施過程中得到了肯定。他們在委派朝官外任、剝奪藩鎮之權的同時，戒備著朝官們分權、瀆職的可能，不欲輕授以「牧伯」名位。「知州軍事」職銜，正是適應這種需要固定下來的。

五代至宋，中央委派朝官出知州軍，主要是針對節鎮勢力的。當時的節鎮，就其與中原朝廷關係而言，有公開對抗或大致順服兩種類型。

對於悖逆類型的藩鎮，通常以武力平定，「凡下州郡，即命朝臣領之」【七】。後周廣順中，平慕容彥超反叛，即命端明殿學士顏衎權知兗州軍州事【八】。北宋建隆元年冬，平淮南節度李重進，即以宣徽北院使李處耘權知揚州【九】。

在宋初統一過程中，亦採取這種方式。乾德元年（九六三年）春，對荊湖用兵之後，即派戶部侍郎呂餘慶權知潭州，給事中李昉權知衡州，樞密直學士、戶部侍郎薛居正權知朗州，又

【一】《宋史》卷二六二〈邊光範傳〉，頁九〇七九—九〇八〇。

【二】《宋史》卷二六一〈李瓊傳〉，頁九〇三二；卷二六二〈昝居潤傳〉，頁九〇五六。

【三】《日知錄》卷九〈知州〉，頁五三九。

【四】《舊五代史》卷一一二〈周書・太祖紀三〉，頁一四八七。

【五】《舊五代史》卷一一五〈周書・世宗紀二〉，頁一五三五。

【六】《長編》卷一三，開寶五年敘事，頁二九三。

【七】《宋會要輯稿・職官》四七之三，頁四二六六。

【八】《舊五代史》卷一一二〈周書・太祖紀三〉，頁一四八一；《通鑑》卷二九〇，廣順二年五月丁丑，頁九四七八。

【九】《長編》卷一，建隆元年十一月乙丑，頁二九。

以王仁贍權知荊南軍府事【一】。當時，荊南、潭、朗州「管內文武官吏並依舊」，而命刑部郎中賈玭等通判湖南諸州，此後更明確規定「應諸道州府公事，並須長吏、通判簽議連書，方得行下」【二】。至開寶年間，通判已經在各地普遍設立了。

對於基本依從的藩鎮，中央主要是採取限制步驟。一方面要求他們向中央申報闕員，而不許自行差攝；另方面俟其去職，州府出闕，時或繼以朝臣權知。後周廣順二年底，符彥卿自青州改天平節度使，即由閤門使、知青州軍州事張凝典領州務【三】；符彥卿自天平移鎮大名，又以皇城使吳廷祚權知鄆州【四】。廣順三年初，延州節度高允權卒，其子紹基欲求繼襲，朝廷則派客省使向訓知延州軍州事【五】。北宋建隆元年七月，成德節度使郭崇入朝，以宣徽南院使昝居潤權知鎮州【六】；四年夏，鳳翔節度王景卒，兩天後，即派尚書左丞高防權知鳳翔府【七】。

當時，節度使多兼治所州刺史，節度在鎮時，該州一般不並設「知軍州事」，以避免朝臣與方鎮發生直接的爭權衝突。比較明顯的例證是，「建隆四年，襄州節度慕容延釗征湖南，以〔太常卿邊〕光範權知州事……是冬郊祀，召還。會延釗卒，復知襄州。」【八】同年，「貝州節度使張光翰來朝，遣〔給事中劉〕載權知州事。光翰歸鎮，載還，知貢舉。」【九】這大致上如李燾在《長編》卷六所說：「時方鎮闕守帥，稍命文臣權知。」與此同時，支郡亦漸以朝官權知。這種從節度使兼領刺史制向朝官出知州軍制轉變的方式，使得權力過渡比較平穩。

經過十數年的經營，太祖末年，諸道之內，京朝官知州、通判已經普遍設立。太宗即位，監司受命「以三科第其能否」，以便大行誅賞。【一〇】此時，罷天下節鎮領州郡的時機已經成熟。於是，太平興國二年（九七七年），太宗採納李瀚建議：

> 詔邠寧涇原鄜坊延丹陝虢襄均房復鄧唐澶濮宋亳鄆濟滄德曹單青淄兗沂貝冀滑衛鎮深趙定祁等州並直屬京。天下節鎮無復領支郡者矣。【一一】

事實上，此處列舉的三十九州中，有近半數是節度所在州，而非嚴格意義上的「支郡」。

【一】《長編》卷四，乾德元年三月庚午、四月乙酉、四月丙午、六月丁酉，頁八七、八八、九〇、九五。

【二】《宋會要輯稿．職官》四七之五八，頁四二九六。

【三】《舊五代史》卷一一二〈周書．太祖紀〉，頁一四八六；《通鑑》卷二九一，廣順三年正月丙辰，頁九四八八。

【四】《宋史》卷二五七〈吳廷祚傳〉，頁八九四七。

【五】《宋史》卷二五五〈向拱傳〉，頁八九〇八。

【六】《長編》卷一，建隆元年七月戊午，頁一九。

【七】《長編》卷四，乾德元年五月辛酉，頁九一。

【八】《宋史》卷二六二〈邊光範傳〉，頁九〇八〇。

【九】《宋史》卷二六二〈劉載傳〉，頁九〇八一。

【一〇】《長編》卷一七，開寶九年十一月庚午，頁三八五。

【一一】《長編》卷一八，太平興國二年八月戊辰，頁四一一。

而即便在這一措施之後，節度使仍有直接治理本鎮駐節州府者。節度使「皆不簽書錢穀事」「其事務悉歸本州知州、通判兼總之」【一】的制度，到真宗時才最終全面確定下來。

總之，在經過長期亂離之後，統治者在實施「列郡以京官權知」的政策時，是十分審慎的。北宋開國後，第一批被委以「知軍州事」的朝官，仍然是一個個被分別派往或用兵地帶、或新復區域、或節度調任出闕處的；其後，逐漸普遍於諸州施行，知州軍者文武參用，而以文臣為主。對此，宋太祖曾表白自己的意圖說：「朕今選儒臣幹事者百餘，分治大藩，縱皆貪濁，亦未及武臣一人也。」【二】

《宋會要輯稿．職官》四七之一「判知州府軍監」條說：

> 周朝州鎮有闕，或遣朝官權知。太祖始削外權，牧伯之闕止令文官權知涖。其後文武官參為知州軍事。【三】

短短兩句話背後，隱藏著無數複雜錯綜的內容，正是這種種曲折，佈成為唐末至宋初百年間政治歷史舞臺上豐富多彩的場景。

京朝官知縣事的制度，也是在北宋初年確立的。據《長編》卷四：

（乾德元年六月庚戌）命大理正奚嶼知館陶縣，監察御史王祐知魏縣，楊應夢知永濟縣，屯田員外郎于繼徽知臨清縣。常參官知縣自嶼等始也。時符彥卿久鎮大名，專恣不法，屬邑頗不治，故特選彊幹者往莅之。

在這段記載之後，李燾有一段考證文字：

諸書皆言京朝官知縣自奚嶼等始。按《實錄》建隆二年十一月己丑，以祠部郎中王景遜為河南令、職方員外郎邊珝為洛陽令，左司員外郎段思恭為開封令，駕部員外郎劉渙為浚儀令，代盧辰、張文遂、邊玗、宋彥昇等。不知何故諸書乃言知縣始此。豈「令」與「知縣」不同乎？當考。【四】

李燾的推測是有道理的。派朝官出任赤畿及要劇縣令的做法前代已有。後唐清泰時，明令

【一】《宋會要輯稿．職官》四七之一，頁四二六五；《宋史》卷一六六〈職官六〉，頁三九四六。
【二】《長編》卷一三，開寶五年，頁二九三。
【三】《宋會要輯稿．職官》四七之一，頁四二六五。
【四】《長編》卷四，乾德元年六月庚戌，頁九六—九七。

兩使判官、畿赤令長，選取郎中、員外、補闕、拾遺等官擔任【一】。後漢乾祐時，高防自屯田郎中改浚儀令；後周顯德中，董樞以左補闕遷浚儀令等皆是【二】。這種更迭出入的任官方式，對於溝通中央與地方的聯繫，有著不可低估的作用。但與此同時，卻給銓選工作帶來了一些麻煩。這主要是因為，陞朝官與州縣官，身分高下迴異，職任的內外調易，往往造成其地位、待遇的不同。這個問題如不解決，勢必傷害外任官員的治事積極性。

《五代會要》卷二一〈吏曹裁制〉記載了這樣一件事：以前身為陞朝官的李玭，被派往鄆州任盧縣令，後唐長興二年卸任歸闕，赴銓參選。對於他是否需要按州縣官格例守選，產生了不同意見。分歧的關鍵在於，衡量他目前身分的基準，究竟應該是其「前任」陞朝官，抑或是其「今任」州縣官。這種問題必須從制度上予以解決。

「知縣」制度的出現，較好地解決了這一問題。「知縣事」與「知軍州事」一樣，都是由京朝官帶本職事官赴外任差遣；轉遷之際，可以陞陟其「官」而不易其任。有時甚至直接加縣令以京朝官銜，而知縣事。建隆初，侯陟為冤句令，以清幹著稱，次年擢為左拾遺，仍知縣事【三】；乾德初，以涇城縣令段滔為國子博士，知縣事如故【四】。

宋太祖派奚嶼等出知劇邑的詔令中，說「特選士於朝行，斷自朕心，以重其事」【五】。這時的知縣，還是臨時委派的，尚未列為差遣系統中的一級資序，亦不經吏部擬任除注。資序系統的形成與相對固定化，主要是宋太宗與真宗時期的事。

唐五代以來，臨時差遣職任的增多，使任事者所帶官銜與所任職事的分離日益普遍，出現了所謂「職事官系統階官化」的趨勢。這種狀況，是在制度令文不適應現實變化、用人權力分散的情勢下發展起來的。而原職事官固定為階官系統，並與差遣實職更為徹底地分離開來，則是在北宋集中用人權力、加強治事機構效能的努力中實現的。

五代末年，後周的中書舍人竇儼向世宗上疏，建議由宰臣推舉輔相，並提出：

〔若〕陛下向不知名，或官品未稱，則令以本官權知政事……如能興利除害、獻可替否、進賢才、退不肖，則遷其官，加其秩。官高者則受平章事，未高者但循資而轉，且令權知。如其非才，即便守本官，罷知政事，讓其舉主。【六】

【一】《全唐文》卷一一三〈選京員為兩使判官、畿赤縣令詔〉，頁一一五九上。
【二】《宋史》卷二七〇〈高防傳〉，頁九二六〇；〈董樞傳〉，頁九二七八。
【三】《長編》卷二，建隆二年八月甲寅，頁五三；《宋史》卷二七〇〈侯陟傳〉，頁九二七三。
【四】《長編》卷四，乾德元年七月壬戌，頁九八。
【五】《宋會要輯稿．職官》四八之二五，頁四三三一。
【六】《全唐文》卷八六三〈上治道事宜疏〉，頁九〇四五下。

在這段話裡，竇儼將高層官員任用中「本官」所應起的作用表達得十分清楚。就普通官員而言，竇儼一方面在〈陳政事疏〉中尖銳批評「今朝廷多士，省寺華資，無事有員，十乃六七，止於計月待奉，計年待遷」，一方面提出了疏導「有員無事者」任職流向，增重外任「益國利民」的主張【一】。據説周世宗「覽而善之」【二】，卻未及全面實行。應該説，此時的士大夫已經不再侷限於唐代後期陸長源等人的認識水準上了。他們開始另尋出路，並且已經意識到充分利用本官（原職事官）的安定作用、調節作用，而另建一套差遣治事系統的可能性與必要性。

北宋初期，大批京朝官外任，「由是內外所授官多非本職，惟以差遣為資歷」【三】。三省六部官員不理本司職事的狀況，已被承認下來，并有了進一步的發展，「事之所寄，十亡二三……居其官不知其職者，十常八九」，真所謂「宋承唐制，抑又甚焉」【四】。

這恰恰體現出北宋決策人物的高明之處。他們看到隋唐以來的散官系統，至此除「粗繫服色」外已很少再有標誌身分的意義；三省六部職事官系統被諸多使職抽取了職事，空餘序位之官稱。他們繼承了前代遺留的既成局面，卻捨棄了唐代後期以「官」為中心的調整思路，不再把「官復其職」作為整頓的目標；而從原有窠臼中超脱出來，因勢利導，以「所任之事」為中心，依事任設闕名，索性以職事官體現官員待遇及地位，而另建有效能的治事體系，從而形成了「官以寓祿秩、敘位著，職以待文學之選，而別為差遣以治內外之事」的設官分職制度。

宋初在整理任官制度時，體現出濃厚的務實色彩，比較妥帖地解決了眼前矛盾，順利平穩地實現了用人權力的轉移，同時亦使「官」與「差遣」的分離固定下來。當時的本官系統利用了原職事官的稱謂頭銜，官與差遣的分離，表現為職事官名銜與其職事的分離。這也造成了宋代官制中紛繁複雜、名實不侔的現象，在趙宋統治穩定之後不久，即受到朝野人士的批評。要求「正名」的呼聲，終於導致了宋神宗時期以「以階易官」「臺省寺監官實典職事」為主要內容的「元豐改制」。唐中葉至此三百餘年間，任官制度歷經衝擊、變更與整理，形成了螺旋式的轉折。如果我們將考察的目光延展至南宋時期，可以說，走過了一個大的「之」字形。

原載《北京大學學報（哲學社會科學版）》一九九〇年第二期，略有修訂。

【一】《宋史》卷二六三〈竇儀傳〉，頁九〇九六。

【二】《通鑑》卷二九三，顯德四年九月，頁九六七二。

【三】《宋史》卷一五八〈選舉四〉，頁三六九五。

【四】《宋史》卷一六一〈職官一〉，頁三七六八。

北宋的循資原則及其普遍作用

循資，即依資遞遷、按資排輩，這種陞遷原則在中國官僚制度史上曾長期發生作用。唐代中葉，體現這一原則的條格——《循資格》正式頒行；北宋時期，循資原則極大地膨脹起來，成為銓選制度中窒息人材的重要原因。

一、北宋對於選格的刪修

北宋開國伊始，即著手整頓銓綜秩序。太祖曾於建隆、乾德、開寶年間三次刪定、頒佈選格。〔一〕十數年間屢修屢定，這一事實本身就說明了統治者對於官吏銓選問題的關注程度。當時刪修的重點，是《長定格》與《循資格》。

選格是有關銓選的規定條文，包括參選條件、手續、銓注程限等內容。它關係到國家的人事大權，為歷代統治者所重視。

《長定格》即《長定選格》。唐代中期以前，每年五月下發選格至各州縣。唐文宗開成二年（八三七年），為改變逐年臨時頒佈選格的狀況，宰相李石奏《長定選格》。〔二〕然而，名為「長定」，實未長行，次年二月即被廢止。不過，《長定格》的名稱卻被後世沿用下來（晚唐可能已經重行《長定格》，惜未見諸記載）。

時至五代，唐明宗天成二年（九二七年）十二月重修《長定格》，閔帝應順元年（九三四年）閏正月再次修定。【三】

宋代繼續行用《長定格》，其內容包括有關入流、授官、考課以及銓選程序等方面的一系列規定。【四】

《循資格》是選格中的一項重要內容。它始行於唐代中葉，其內容主要是關於依照停替參選的前任官之資序以及未曾任官（所謂「無前資」）的選人之出身年限注官的種種規定。後來人們常說的「資格」，正是從這裡演化出來的。

建隆三年（九六二年）頒佈的《長定格》，是在唐、五代選格基礎上刪削而成。乾德二年（九六四年）正月，朝廷於同一天內下詔重修《循資格》和《四時參選條》，正表明在銓選中

【一】李燾：《長編》卷三，建隆三年十月癸巳，頁七三；卷五，乾德二年正月甲申、二月戊申、七月庚寅，頁一一七、一二一、一二九；卷一四，開寶六年末，頁三一一。

【二】劉昫等：《舊唐書》卷一七下〈文宗紀下〉（北京：中華書局，一九七五年），頁五六九；王溥等：《唐會要》卷七四〈選部上〉（上海：上海古籍出版社，二〇〇六年），頁一五九〇。

【三】《舊五代史》卷一四八〈選舉志〉（北京：中華書局，一九七六年），頁一九八四。

【四】參見徐松輯，劉琳等校點：《宋會要輯稿．職官》五九之一（上海：上海古籍出版社，二〇一四年），頁四六三三；《長編》卷一〇〇，天聖元年五月戊寅，頁二三二三；田錫撰，羅國威校點：《咸平集》卷三〇〈考詞〉（成都：巴蜀書社，二〇〇八年），頁三六〇、三六一、三六五。

這兩組格條是相依為用、缺一不可的；後者加快了注擬更替的節奏，前者卻限定了選人資格。二者相互影響、相互制約，以求甄敘有倫。開寶六年（九七三年）公佈的《長定格》《循資格》，經過一番整理考訂，內容更為系統，可以看作是當時對於調整銓選原則的一次小結。刪修選格，使選拔、注擬官吏的工作有格條可循，擺脱了晚唐以來的混亂狀況，逐漸走上了正軌。

其後的歷代帝王，也都曾派專人把大量敕令格式加以整理，刪除煩複，取其可以久行者，定為銓曹條令。例如，仁宗慶曆四年（一〇四四年）二月，至和二年（一〇五五年）十二月，刪定審官院、流內銓條貫；英宗治平元年（一〇六四年）四月，知審官院王珪上《新編本院敕》（即《嘉祐審官院編敕》）十五卷，三年五月，吏部流內銓進《銓曹格敕》十四卷；神宗元豐四年（一〇八一年），檢正中書吏房公事曾伉奏《新修吏部敕令式》，六年八月，吏部尚書李清臣進吏部《備選具員》十冊，其中不僅編次了京官以上鄉貫、出身、歷任功過，還包括有總目、事目、別錄、聖訓及吏部人材之辨諸項；【一】哲宗元祐元年（一〇八六年）三月，尚書省上《吏部四選敕令格式》，六月詔吏部重修《簡要選法》，【二】等等。直到北宋滅亡前不久，靖康元年（一一二六年）秋，欽宗還令吏部編纂四選條例。【三】

今存《慶元條法事類》和《吏部條法》，雖然是南宋後期修定的，但其內容應是在北宋銓選令文的基礎上形成的，反映了有宋一代的銓選科格。銓格十分細密、紛繁，正式條文下面，一般還附有注文，進行具體闡述、疏釋。

除去多次有組織地、較全面地修定選格之外，宋王朝還針對實際情況，隨時發佈詔令，對選格進行臨時的、局部的調整。

在宋代，可以視為銓注依據的，既有「條」，還有「例」。二者的關係，在當時是個突出的問題。「例」所代表的，往往是帶有局部性、臨時性的處理方式。有些事例得到了朝廷的認可和一般習慣的承認。由於「例」數量多，涉及廣，適應性、靈活性強，所以經常被彙集起來，作為條法的延伸形式、補充形式，引用為以後處理類似問題時的依據。而中央政權亦承認這種辦法，承認其法律效力，有時甚至明令「著為例」。【四】中書堂除有「例簿」，【五】吏部四選有「例冊」。【六】以例決事，吏部最多。銓選中，不僅「以例釋條」，且若無條有例，則許依例處

【一】王應麟：《玉海》卷一一七〈治平銓曹格式〉（影印光緒九年浙江書局刊本，南京：江蘇古籍出版社、上海：上海書店），頁二一七一上；《宋會要輯稿．選舉》二四之一二，頁五七〇四；王珪：《華陽集》卷八〈乞施行審官院敕劄子〉，《景印文淵閣四庫全書》第一〇九三冊（臺北：臺灣商務印書館，一九八六年），頁五九下—六〇上。

【二】《長編》卷三七三，元祐元年三月戊午，頁九〇三七；《長編》卷三七九，元祐元年六月庚子，頁九二一五。

【三】《宋會要輯稿．職官》八之八，頁三二三五。

【四】《長編》卷一九九，嘉祐八年十二月己卯，頁四八四〇。

【五】《長編》卷六三，景德三年二月戊戌，「〔寇〕準在中書……嘗除官，同列屢目吏持例簿以進」，頁一三八九。

【六】《玉海》卷一一七〈紹興編七司例冊〉，頁二一七二。

斷。【一】事實上，「以例破法」的狀況，是廣泛存在著的。

無論是「條」是「例」，貫徹其中的主要原則是一致的，即「依資敘遷」、「以資格授」。

二、宋代《循資格》的主要內容及循資原則的普遍作用

唐代開元十八年（七三〇年），當時的吏部尚書裴光庭奏定《循資格》，用以注擬六品以下選人。【二】

《循資格》不是「循年」格，不是單純按年頭排名次，而是據「資」定選數，依選數分先後。它考慮了許多複雜因素：出身途徑、官品高卑、職務劇易等，這些方面對決定官員選數的多少各起一定的作用。但總的說來，其特點是：官高者選少，官卑者選多；不問能否，賢愚一概，選數滿了就可以到吏部赴集注官。【三】這種把官資、停替年限和選數聯繫起來的做法，正是北魏崔亮《停年格》【四】的翻版。

開元二十一年裴光庭死後，蕭嵩、張九齡等人奏請廢止了《循資格》。但實際上，《循資格》奉行的注重資歷的原則一直沿用下來。【五】

宋代《循資格》雖然是沿襲唐制，但具體規定及實行辦法則與唐有所不同。

北宋的《循資格》比唐代細緻得多，區分為常調、酬獎、恩例、奏薦等不同類型；【六】其適用範圍主要是吏部流內銓所負責的幕職州縣官；具體內容則是不同階次的選人依其出身、考任數與舉主人數，【七】在七資四等內依次遞陞的條件。【八】因此，宋人對於「循資」的解釋，往往與「選人七階」相聯繫。例如，《石林燕語》卷三「國朝選人寄祿官凡四等七資」條下說：

【一】《長編》卷二三九，熙寧五年十月壬辰，記載了宋神宗與王安石等人議論程昉遷官問題的一段對話，其中有云：「上又言：『路分都監、鈐轄於條都無著定資序。』安石曰：『雖無條，然自有熟例。』」（頁五八一四）遂得依例遷之。

【二】《舊唐書》卷四二〈職官一〉，頁一八〇五。

【三】杜佑著，王文錦等點校：《通典》卷一五〈選舉三〉（北京：中華書局，一九八八年），頁三六一。

【四】魏收：《魏書》卷六六〈崔亮傳〉（北京：中華書局，一九七四年），頁一四七九—一四八〇。

【五】司馬光編著：《資治通鑑》卷二一三，開元二十一年六月癸亥（北京：中華書局，一九五六年），頁六八〇三；《舊唐書》卷八四〈裴光庭傳〉，頁二八〇七；《新唐書》卷一二六〈張九齡傳〉（北京：中華書局，一九七五年），頁四四二八。

【六】脫脫等：《宋史》卷一六九〈職官九〉「吏部流內銓諸色入流及循資、磨勘選格」（北京：中華書局，一九八五年），頁四〇三九—四〇四三。

【七】北宋雖一般規定三考為一任，任數与考數似能依此折合，實際上，由於種種原因（例如差遣臨時調易、官員因事離職以及員多闕少的矛盾等），考數与任數在大多數情況下是分離的，實有考數常少於相應任數所應達到之考數。所以，凡涉及考、任之處，往往特別說明「×任×考」。

【八】北宋選人（此處主要指幕職州縣官）分為兩使職官、初等職官、令錄、判司簿尉四等，共七階；徽宗崇寧、政和間，定選人七階之稱，自上至下為承直郎、儒林郎、文林郎、從事郎、從政郎、修職郎、迪功郎。

以勞敘賞，謂之「循資」。【一】

《文獻通考．選舉考十二》引陳傅良語也說：

選人七階，祖宗朝以考第資歷無過犯或有勞績者遞遷，謂之「循資」。【二】

北宋《循資格》應包括很多細緻的條文，然存傳到今者已不多見。《續資治通鑑長編》卷五、《宋史．選舉志四》記載了乾德二年七月頒佈的陶穀等人議定之《少尹幕職官參選條件》，該《條件》被王應麟徑稱為《少尹幕職官循資格》。【三】其中規定了初等職官以上依入仕年限計資遷階的轉官辦法。官員在某一差遣任內達到一定的年限、積累了一定的考數，即可「成資」（或曰「得資」），亦即被承認已具備了該差遣職務的資序。

「成資」與「滿任」不是同一概念。宋初，不同類別、等級的官吏，成資所需年限不同。據上述《參選條件》，初等職官及兩使職官地位較低者，三週年得資；而支掌防團判官以上，則二週年即可成資。北宋時，文職京朝官一般是三考滿任而兩考成資。

南宋人趙昇在其《朝野類要》卷三中，解釋「成資」為「滿任也」。《中國歷史大辭典．宋史卷》「成資」條以及一些學者的研究文章，也認為宋代差遣任滿即為「得資」。我以為，這種說法很成問題。

北宋史料中，經常涉及成資與滿任的區別。如，《臨川集》卷四二〈論許舉留守令敕劄子〉：

> 今若使係三年及三十月替者，須候成資方得舉留再任，比及朝廷報許，即其人係三十月替者，已及替期；係三年替者，亦已去替期不遠，待闕之人亦已赴任……【四】

可見成資與滿任（得替）絕非同時，無須滿任，即已成資。

宋代依差遣性質、任職地區、職務劇易、初任再任以及除授部門（堂除或吏部除）之不同，滿任時間長短亦不同，有三年滿、三十月滿、兩年滿等等。北宋後期，為解決「員多闕

【一】葉夢得撰，宇文紹奕考異，侯忠義點校：《石林燕語》卷三（北京：中華書局，一九八四年），頁四六。

【二】馬端臨撰，上海師範大學古籍研究所、華東師範大學古籍研究所點校：《文獻通考》卷三九〈選舉考十二〉（北京：中華書局，二〇一一年），頁一一五二。

【三】《玉海》卷一一七〈建隆循資格〉，頁二一六九。

【四】王安石：《臨川先生文集》卷四二〈論許舉留守令敕劄子〉（北京：中華書局上海編輯所點校本，一九五九年），頁四四九。

少」的矛盾，更令部分京朝官以成資為任。就其闕額而言，有了「成資闕」（注：成資闕者，其成資年限與滿任年限一致）與「年滿闕」的區別。【一】紹興二年，臣僚上言：

國家之制，文臣京朝官、武臣堂除官皆二年而代，謂之「成資」；文臣選人、武臣吏部差者，皆三年而代，謂之「年滿」。【二】

南宋《吏部條法》考任、關陞等門中，都載有明確條文：

諸稱經歷任，謂二年成資以上。【三】

官員在其任內是否成資，所獲待遇不同。例如，成資後去任，可理為任；【四】已成資者過犯責罰，與同罪而未成資者輕重不侔；【五】而且，成資與否決定其所理資序，這直接關係到轉官的階次，特別是差遣的陞陟等。【六】因此，官員多希望能在任內成資，朝廷亦往往待他們成資之後調易其差遣。【七】

北宋就制度規定而言，《循資格》衹適用於幕職州縣官，而循資原則之實際影響所及，卻遠不止此。它既關係到選人，也關係到京朝官；既影響到官秩的遷轉，也影響到差遣的除授；

即便是中書堂除，也很難衝破依資注擬的原則及其成例。

景德年間，寇準在中書，不甘受例簿束縛，破格提拔寒畯之士，而這恰恰成為他被罷相的原因之一。天聖初，王欽若曾作《敘遷圖》；【八】景祐中，主張改革的范仲淹亦製《百官圖》。【九】這說明當時百官的敘遷早已具備了一定的規程。《宋史．職官志九》所載「文臣京官至三師敘遷之制」，是仁宗時期施行的，【一〇】正是依資敘遷原則的具體反映。

【一】《長編》卷二九一，元豐元年八月壬寅，頁七一一〇；卷三七五，元祐元年四月辛丑，頁九〇九六。

【二】《宋會要輯稿．職官》六〇之二七，頁四六八〇。

【三】佚名編，劉篤才點校：《吏部條法．考任門》「尚書侍郎左右選通用令」，《中國珍稀法律典籍續編》第二冊（哈爾濱：黑龍江人民出版社，二〇〇二年），頁一九七；又見《吏部條法．關陞門》「應稱經歷任，謂貳年成資以上」，頁二九三。

【四】《宋會要輯稿．職官》一〇之二一，頁三二九〇。

【五】《吏部條法．差注門》，頁三。

【六】如，《長編》卷一一七，景祐二年七月癸卯，頁二七四六。

【七】《長編》卷一〇九，天聖八年正月辛巳、三月庚申，頁二五三六、二五三七；卷一一二，明道二年七月庚辰，頁二六二二；佚名編，司義祖整理：《宋大詔令集》卷一六二〈省臺寺監牧守監司以三年為任詔〉（北京：中華書局，一九六二年），頁六一七。

【八】《玉海》卷一一八〈天聖敘遷圖〉，頁二一八二。

【九】《長編》卷一一八，景祐三年五月丙戌，頁二七八三。

【一〇】《長編》卷四三五，元祐四年十一月庚午條注引《兩朝國史．職官志》，頁一〇四七五—一〇四七七。

宋代，得中進士高第，即覓得了「終南捷徑」，甚至十數年間可達宰執。北宋上層官員中，很有一些「中年」者在。然而，這批人也多是依成例而遷除的。北宋中期以後，不僅一般文武官員，即便是被視為清要、儲材之地的館職之除授、[一]高級官員乃至兩府之任命，亦間或受到講求資格原則的影響。《宋宰輔編年錄》卷七，熙寧二年（一〇六九年）十月丙申「陳昇之拜集賢相」條注云：

昇之資歷高於（王）安石……故安石勸上先用之。[二]

《長編》卷二一八，熙寧三年十二月丁卯條注文引林希《野史》說：

王珪參知政事。謝景温曰：「珪徒有浮文，執政豈所宜耶？」上曰：「珪久次，姑容之。」[三]

熙寧年間，資格之法受到較大衝擊，猶且不能不對宰執資格問題有所顧及，則在其他時期內，資格的影響更可想見。

此外，下至群吏百工伎術人等，亦不論才藝績效，皆憑年勞次補。結果，樞密院吏遷至主

事而「懵其職守」，樂工「抱其器而不能振作」。【四】

有宋一代，循資的原則滲透到了銓選制度的各個方面，特別在中下層官僚的選任制度中始終起著支配作用。南宋亡國後，胡三省在為《資治通鑑》開元十八年四月「定《循資格》」條作注時，有感於宋之弊政，痛心地指出：

> 循而行之，至今猶然。才俊之士老於常調者多矣！【五】

三、關於銓選制度中的「資」和「資序」

銓選制度中的「資」，是個十分複雜的綜合體，它既是地位高低的標誌，又有其具體內容。

【一】《長編》卷三七三，元祐元年三月乙酉，頁九〇三八；卷三七九，同年六月庚子，頁九二一六。
【二】徐自明撰，王瑞來校補：《宋宰輔編年錄校補》卷七（北京：中華書局，一九八六年），頁四〇九。
【三】《長編》卷二一八，熙寧三年十二月丁卯，頁五三〇一。
【四】《長編》卷六三，景德三年六月壬辰，頁一四〇八；卷四八，咸平四年二月甲子，頁一〇五一。
【五】《資治通鑑》卷二一三，開元十八年四月乙丑，頁六七八九。

象徵地位的官資，是由出身、年勞、考績、功過等多種因素決定的，而其核心則是年勞。入官年久，則資深——這就是在銓選中與考績相並行、相對立而存在的年資。

對選人來說，積考得資，依資敘階，「資」與「考」、「階」有不可割斷的聯繫，是「考」與「階」之間的樞紐。在宋代史料中，常常會見到「循一資」「超一資」的說法，這裡「資」一般是指依資應轉到的階。「選人七資」亦即「選人七階」。幕職州縣官最低層的判司簿尉，如受到「循一資」酬獎，係初任者入知令錄，而次任二考以上則入正令錄。【一】「超一資」則是越過應轉的一階。

「資」有與「選」、磨勘年、官階等相應的折合方法。《宋會要輯稿．職官》載有建隆三年縣尉捕賊賞罰條令，其中說道：

> 所有捉賊期限賞罰……「減一選」者超一資，「殿一選」者折一資。【二】

可見，在當時，「超一資」大致相當於「減一選」（選人提前一年參選注官），反之亦然。真宗年間實行磨勘法之後，文資京朝官「居官三周，例遷一級」，【三】選人六考可以磨勘改合入京朝官。【四】當時，「遷一資」優於「減二年磨勘」（提前二年改轉官秩）。【五】英宗時，京朝官磨勘期限延長至四年。【六】此後，通常「減四年磨勘」相當於「轉一官」，【七】選人循一資即類似京

朝官減二年磨勘，循兩資則減三年。【八】

就京朝官而言，「遷一資」是指依序遞陞一個位次，它不考慮官員身分方面的差異，這與「轉一官」不同。轉一官有時相當於遷數資，所轉得之官秩，依其有無出身、差遣劇易、原寄祿官之高低以及是否帶職等因素而有所不同。例如，一般是無出身逐資轉，有出身超資轉。《宋史．職官志九》「文臣京官至三師敘遷之制」條，「常調轉（郎中）【九】員外郎」之下，有云：

【一】《宋史》卷一六九〈職官九〉「吏部流內銓諸色入流及循資、磨勘選格」，頁四〇三九—四〇四三。

【二】《宋會要輯稿．職官》四八之六〇，頁四三五四。

【三】《長編》卷一三二，慶曆元年五月壬戌，頁三一二四。

【四】《宋會要輯稿．職官》一一之七、一一之一二，頁三三〇九、三三一五。

【五】《長編》卷一五二，慶曆四年九月乙亥，「田況上保州城下官員有功者……第二等三人，遷一資；第三等一十三人，與減二年磨勘」，頁三七〇一。

【六】《宋大詔令集》卷一六二〈定磨勘年限詔〉，頁六一六。

【七】李心傳撰，徐規點校：《建炎以來朝野雜記》甲集卷一二〈減年對實歷磨勘〉，「舊制，以恩例減磨勘年者，率以四年為一官」（北京：中華書局，二〇〇〇年），頁二四四。

【八】《吏部條法．磨勘門》，「諸承直郎以下應循資轉官而已改官者，循兩資減叁年磨勘，壹資減貳年磨勘」，頁三五〇。又，《宋會要輯稿．職官》一一之二〇載元豐元年所定酬獎等第，京朝官「減磨勘二年」與選人「循一資」同等，頁三三二四。

【九】據《長編》卷四三五，元祐四年十一月庚午條補，頁一〇四七五。

「帶待制已上職……仍隔一資超轉。」【一】又如，同書同卷「工部侍郎」條下，注文曰：「轉刑部侍郎，兩府轉戶部侍郎，宰相轉兵部侍郎」。【二】這說明，在陞遷起點相同的情況下，同為「一轉」，而所遷得之官卻不相同。在當時，依階逐資轉，與「雙轉」、「超轉」相對而言，被稱之為「細轉」。【三】

景祐四年（一〇三七年）王隨為相，自吏部侍郎遷至門下侍郎，超越十資；【四】熙寧七年，王安石初次罷相日，寄祿官自禮部侍郎遷至吏部尚書，轉九資。【五】這裡所說的「九資」「十資」，是把陞陟的起訖階之間的每一位次皆計算在內，而不考慮各人的不同身分。以王隨為例，說他超越十資，是把吏部侍郎至門下侍郎（以左僕射兼？）之間的逐一位次都算在內，並不顧及他的現任宰相身分。（按一般規定，當時的宰相如果官為吏部侍郎，則四次轉官可至左僕射：自吏侍轉左曹後、中、前行尚書，再轉左僕射。【六】）

武職諸司使副，常見陞五資甚至十五資的情況，多以陞數資為轉一官。仁宗時，曾規定五資為一轉。【七】若係戰功酬獎，一般每遷一資即轉一官，元祐初改為閤門副使、左藏庫副使以上兩資轉一官，客省使及皇城使以上三資轉一官。【八】

在敘遷之制中，由於每個資次都有與其相應的官稱，在不少情況下（比如「細轉」）遷一資亦即轉一官，所以，宋人亦有將「資」與「官」混稱者。但是，一般來說，二者並不完全等同。

前代依資注擬，所居官與其職事基本一致。宋代官與差遣分離，循資原則發生作用的形式亦隨之產生了變化。在注授差遣時，「資」的變種——「資序」應運而生。【九】京朝官之「差遣」與「官」的分離比較徹底，因而其「資序」與「資」的分化亦尤為明顯。

【一】《宋史》卷一六九〈職官九〉，頁四〇二三—四〇二六。《長編》卷四三五，元祐四年十一月庚午條注引《兩朝國史·職官志》，頁一〇四七六。

【二】《宋史》卷一六九〈職官九〉，頁四〇二七。

【三】陳傅良：《止齋先生文集》卷四三〈策問〉「迺者改秩有雙轉、有細轉……」（上海：商務印書館，一九二九年），葉五a；趙汝愚編，北京大學中國中古史研究中心校點整理：《宋朝諸臣奏議》卷六九丁騭元祐三年〈上哲宗論寄祿官宜分左右〉疏，其中說：「……侍從臣寮則自禮部遷户部、户部遷吏部；常調臣寮則自工部遷刑部、刑部遷兵部，累而至吏部，凡五遷，謂之『細轉』。」（上海：上海古籍出版社，一九九九年），頁七五九；《文獻通考》卷六四：「今任子、雜流，惟細轉通直郎、奉直·中散二大夫（有出身人不轉）」，頁一九三二。

【四】蘇舜欽著，沈文倬校點：《蘇舜欽集》卷一一〈詣匭疏〉（上海：上海古籍出版社，一九八一年），頁一三〇。

【五】《宋宰輔編年錄校補》卷八，頁四三四；《長編》卷五一〇，元符二年五月乙丑曾布言，頁一二一四六。

【六】參見《宋史》卷一六九〈職官志九〉「文臣京官至三師敘遷之制」，頁四〇二七—四〇二八。

【七】《長編》卷一一三，明道二年八月甲子，頁二六三五。

【八】《長編》卷三六八，元祐元年閏二月甲午，頁八八七三。

【九】一般情況下，「資序」（「資敘」）一詞用於差遣的除授之中，但並非絕對。如《長編》卷一〇一載天聖元年十二月詔，「御史臺主簿多是資序合入大理寺丞、著作佐郎，除授之時並理光祿寺丞……自今更不理光祿寺丞資敘，只守本官，仍支與前任請受，候三年滿無遺闕，依元入官資敘與京朝官」，頁二三四四—二三四五。

宋代的資序問題十分複雜，而在當時的政治生活中，在士大夫的仕宦途程中，它的實際作用，比決定寄祿品階的「資」更為重要。南宋的章如愚說：「官秩則計歲月久（暫？）而遷轉，差遣則視資次高下而指射。」【一】這裡的「資次」，應該主要是指資序。

資序，即資任、資歷，是「資格」的主要體現。其內容包括差遣職務的高低和任數（宋代官吏酬獎中，有「陞一任」之目，意即提高該員資序）。例如下至初任下縣簿尉，上至河北、陝西、河東三個重路的轉運使，皆可理作資序；至於稱某人為「第一任知州資序」、「第二任知縣資序」等，更是屢見不鮮。資序系統，主要是由諸多外任差遣層次（亦包括在京百司中如三司使副、判官之類確有固定職事的職任）構成的，即所謂「惟以差遣為資歷」。北宋前期的省臺寺監官，無常職、無定員，多以特敕權判某司事，雖較靈活，亦很紛淆；而外官差遣職任既涉及大量官員，又較為典型、較為整齊劃一，容易比照，因此一般成為內外百司官員除授差遣時共用的敘理體系。

元豐改制，「領空名者一切罷去，而易之以階，因以制祿」，【二】過去用以寄祿的職事官稱一一對易為寄祿階，而另依其原有資序授予新的職事官。《古今合璧事類備要》後集卷二六「員外郎」條引《四朝志》：

本朝元豐官制，六曹郎官理郡守以上資任者，郎中；通判以下資序者為員外郎。【三】

至此，寄祿官階系統中發生了一次整頓、變革。官與差遣雖仍分離，卻改換了形式。原已形成的資序系統與大夫、郎寄祿系統互為表裡、相兼而行，擬差遣時憑資序，寓祿秩則用階官。

宋代外官的資序主要分為兩等，即親民官與釐務（或曰監當）官。【四】親民官指負責民政的地方各級行政長官，釐務官則是派駐各地監管財務（如茶鹽酒稅、冶鑄等事）的官員。分任此兩等官者，往往因其出身、經歷不同而各異。恩蔭入仕者，多先任監當，兩任後轉親民；【五】親民官考第劣等者，往往降監當。【六】親民、釐務之別，本就其工作性質不同而言。而在宋代，

【一】章如愚輯：《山堂先生群書考索》續集卷三八「銓選・磨勘考課」條，《中華再造善本》影印元延祐七年圓沙書院刻本（北京：北京圖書館出版社，二〇〇六年），葉一七a。

【二】《長編》卷三〇七，元豐三年八月乙巳詔，頁七四六二。

【三】謝維新編：《古今合璧事類備要》後集卷二六，中華再造善本（北京：北京圖書館出版社，二〇〇六年），葉一二b。

【四】《宋史》卷一六一〈職官一・序〉：「外官則有親民、釐務二等，而監軍、巡警亦比親民。」頁三七六九。

【五】《吏部條法・差注門三》：「應奏補京官，初任唯注監當。」頁八九；楊仲良：《皇宋通鑑長編紀事本末》卷六七〈裁抑臣僚奏薦〉熙寧元年九月丁亥，翰林學士承旨王珪等言：「今奏補人便充京官，還轉更無限礙，但監當六年，便入親民，比之有出身選人，實為優倖。」《續修四庫全書》第三八六冊（上海古籍出版社，二〇〇二年），頁五五九。

【六】《宋史》卷一六〇〈選舉六〉，頁三七六一。

有些監當官可以理親民資序，有的親民官卻任監當之事。【一】同一寄祿階，理親民資序者品位較高。【二】

北宋時，雖間有調整，但一般講，監當入親民、知縣入通判、通判入知州，多以兩任為限。【三】

元祐二年，垂簾聽政的太皇太后高氏，為能親自把握人事除授大權，特地向老臣瞭解本朝的注擬資序。八月間，文彥博奏上〈自來除授官職次序〉一疏，條分縷析地敘述了自吏部選人親民官以上，常調、出常調內外官員差遣的除授次第。今引錄如下：

吏部選人兩任親民、有舉主，升通判；通判兩任滿、有舉主，升（主）〔知〕州軍。自此以上敘升，今謂之「常調」。知州軍有績效或有舉薦，名實相副者，特擢升轉運使副、判官或提點刑獄、省府推判官，今謂之「出常調」。

轉運使有路分輕重、遠近之差：河北、陝西、河東三路為重路，歲滿多任三司副使或任江淮都大發運使，發運使任滿亦充三司副使。成都路次三路，任滿亦有充三司副使或江淮發運使。京東西、淮南又其次，江南東西、荊湖南北、兩浙路又次之，二廣、福建、梓、利、夔路為遠小；已上三等路分轉運使副，任滿或就移近上次等路分，或歸任省府判官，漸次擢充三路重任，以至三司副使。內提點刑獄則不拘路分輕重除授。轉運使副、省府判官或逐急藉才，差知大藩鎮者，其歸亦多任三司副使或直除修撰、待制者。

三司副使歲滿即除待制；有本官是前行郎中、少卿，或除諫議大夫者；有資淺而除集賢殿修撰、充都（發）〔轉〕運使，後亦除待制。

三院御史舊制多是兩任通判已上舉充，歲滿多差充省府判官或諸路轉運副使，累遷至三路，歲滿充三司副使，又歲滿除待制。御史或言事稱職，公論所推，即非次拔擢，繫自特恩。

正言、司諫自來遷擢無定制，或兼帶館職、文行著聞，或議論識體、方正敢言，朝廷所知，臨時不次擢用，本無常法。

三館職事本育才待用之地，例當在館久任。其間資地、人品素高者，除修起居注（即

【一】《長編》卷一九一，嘉祐五年六月甲申條，提及「雖非親民差遣」，而「宣命內理為親民資序」的問題，頁四六三〇；又，王林撰：《燕翼詒謀錄》卷五「親民官監商稅」（北京：中華書局，一九八一年），頁四七。

【二】《宋史》卷一六八〈職官八〉「官品」條「正九品」內，有「承事，承奉郎」，下注：「理親民資序者從八品，承務郎（按：原係從九品京官）準此。」頁四〇一七。

【三】張方平撰，鄭涵點校：《張方平集》卷一八〈對手詔一道〉：「祖宗之時，文武官……不為升遷資序……自祥符之後，天下治平，朝廷之議益循寬大，故令自監當入知縣、知縣入通判、通判入知州，皆以兩任為限。」（鄭州：中州古籍出版社，二〇〇〇年），頁二二五—二二六。

今起居郎、舍人），遇知制誥有闕，即試補（即今中書舍人）。

已上並舊制甄別資品、履歷，次第除注之法，與今來官制或小異而大同……【一】

從該〈次序〉中可以看到：資序加舉主，是常調官員陞陟差遣的主要條件；任內有績效或有舉薦、被特擢者，為「出常調」，除授差遣可從優，但亦受資序制約。資序由職任與任數構成，在同一級別的職任中，又依其路分、州軍的大小、遠近、緊要程度等因素而區別上下輕重。委派差遣時，一般是由小轉大、由遠入近、由輕遷重，循序漸進。

除去這段比較完整的敘述之外，其他關於資序的記載還有很多。至於臨時性的、或者專門針對某一職任的詔令、規定，更比比皆是。

資序來自差遣。但是，曾任某一差遣，並不一定能理該資序。例如，任職時間短，未成資者，不能理為資序；【二】「權入」某資序、「權發遣」某職事者，不理該資序；【三】北宋前期的尚書省諸曹，衹有判刑部、吏部、南曹許理為資序（嘉祐中增入判考功、祠部、官告院等），其他諸司不領實事，即便有判部事者，亦不理資序。【四】

高度集權國家的中央人事部門，為易於注擬眾官之差遣，勢必使資序趨於穩定、凝固化。這樣一來，資序又成為中央集權所需要的靈活差遣的羈絆，從而引起了資序與「實歷」的分離：理某一資序者，不一定實歷過該職任。在京諸司官吏中，有未離京闕，坐理知州、知縣資序者，【五】外官分親民、釐務二等，而任監當人，亦有理親民資序者；差遣要劇，可以理比實際職任更高的資序；【六】條件較差去處，任滿五年可以理為兩任；【七】又有因為資序相當的闕額少，折資改授，而仍理原應遷入之資序者。【八】陞理資序，甚至成為帝王加恩的一種形式。【九】可

【一】《長編》卷四〇四，元祐二年八月癸未，頁九八三二—九八三三。引文內數処校改，皆據文彥博：《文潞公文集》卷二九〈奏除改舊制〉，影印明嘉靖五年刻本，《宋集珍本叢刊》第五冊，頁四〇三下—四〇四上。

【二】《吏部條法．考任門》，頁一九六—一九七。

【三】《長編》卷二三八，熙寧五年九月丙午條，「吏部銓舊制職官注擬上下超折不過一資，而選人闕於資序，注擬不行。〔判銓李〕復圭奏乞通注『權入』，各理本資俸。選集者便之」，頁五七八六。

【四】《長編》卷一九三，嘉祐六年正月丁未詔，頁四六六二。

【五】《長編》卷三八六，元祐元年八月辛亥條，上官均奏言：「三省人吏……出官最速。其不願出官者，坐理資任，至為郡守。」頁九四〇四。

【六】《長編》卷一一一，明道元年七月庚午詔，知大名、真定、京兆等府，兗、鄆、青、陳等大州者，並理三司判官、轉運使副資序，頁二五八三。

【七】《宋會要輯稿．職官》五八之八，「康定元年十月十一日，詔審官院：今後無職田處，滿五年得替，與理為兩任」，頁四六一九上。

【八】如，曾任監司人折資充知州，仍理監司資序。《長編》卷四一一，元祐五年三月辛未條，「詔監司秩滿資深無過人除知州者，與理監司資敘」，頁一〇〇〇九。

【九】《文潞公文集》卷三六〈辭免男恩命〉，其中多處說到「臣男貽慶與理轉運判官資序」、「更蒙特提升資序」云云，《宋集珍本叢刊》第五冊，頁四三一上—四三二下。

見，所謂「理資序」，不過表示朝廷承認某人相當於某一級別，獲得了某種資格罷了。這樣，在除授官員差遣時，朝廷往往得分別提出所要求具備的資序及其實歷職任。【一】

注擬官員差遣，資序起著極其關鍵的作用；決定寄祿階的陞改，資序也是重要因素之一。無論「超資」、「折資」，終歸還是以「資」或「資序」為軸心而上下擺動的。資序關係到千萬官僚的切身利益，他們對此十分敏感。【二】對於敘理資序問題調整得合理與否，直接涉及到能否有效地調動起上下百官的治事積極性。【三】

重資序不重績效，重「實歷」不重能力，這是官僚制度造成的沉痾，在宋代卻被視為天經地義的正常銓注秩序。熙寧變法期間，宋神宗與王安石等人曾多次談到資序問題，他們認為，「制法當使人樂趨而競奮」，只計資序，則不知勸勉。【四】當時，初等職官資序的李定被不次拔擢為監察御史裏行，引起了軒然大波。【五】范祖禹批評王安石是「資序一切不用」。【六】實際上，改革派對資序之法有所批評、有所突破，同時亦有所利用。王安石并曾以「資淺」為由，抑制過不贊同新法的傅堯俞等人的陞遷。【七】

元祐初年，對於資序問題有比較集中的討論。宰相司馬光傾向於謹守資格、且用舉主，宰臣韓維、呂公著、右司諫蘇轍、御史韓川等人反對拘泥資格、專任舉主，而主張由執政遴選。【八】有宋一朝，對於資格問題的爭辯始終未停，但終宋一代，仍未尋得處理這類問題的可行途徑。

四、循資原則長期作用的原因及其弊端

出現於八世紀中葉的《循資格》，在以後千餘年的傳統政治制度史中佔有不可低估的地位；

【一】如《長編》卷四一二，元祐元年六月癸卯詔：「今後應除六曹郎中，選第二任知州以上資序、實歷知州或曾任監司官、六曹員外郎、校理、臺諫官、開封府推官並滿二年人充；少監、員外郎、府推官選第二任通判以上資序或初任通判、曾歷外任親民二年人充；寺監丞選第二任知縣以上資序人充。」頁一〇〇二二。

【二】佚名編撰，汪聖鐸點校：《宋史全文》卷一一，熙寧三年三月壬子條，王安石在與宋神宗談及所謂「三不足」問題時，說：「今議者以為祖宗之法皆可守，然祖宗用人皆不以次。今陛下試如此，則彼異論者必更紛紛。」（北京：中華書局，二〇一六年），頁六六二。

【三】今舉神宗時期調整資序敘理辦法的兩事為例：熙寧時，司農寺典領新法，「事務繁重，非諸寺監之比。官屬雖以才選而並皆不別理資任。」元豐初，判司農寺蔡確提出異議，奏改理資任辦法。（《長編》卷二八八，元豐元年三月丙申，頁七〇五三。）熙寧三年十月丙子，「詳定編敕所言：『嘉祐刪定編敕官以二年為任，五年為兩任。乞自今應刪定官每月各修敕十條送詳定官，如二年內了當，不計月日並理兩任；如有拖滯，雖過二年亦理一任。』從之。」（《長編》卷二一六，頁五二六〇。）

【四】《長編》卷二四一，熙寧五年十二月己卯，頁五八七七。

【五】《長編》卷二一一，熙寧三年五月癸卯，頁五一二三。

【六】范祖禹：《范太史集》卷二二〈轉對條上四事狀〉，《景印文淵閣四庫全書》第一一〇〇冊，頁二七三上。

【七】《長編》卷二一四，熙寧三年八月戊午，頁五一九四—五一九五。

【八】司馬光：《溫國文正司馬公文集》卷五五〈論監司守資格任舉主劄子〉，《四部叢刊》初編影印宋紹熙刊本（上海：商務印書館，一九二九年），葉一b—葉二a；《長編》卷三八四，元祐元年八月丁亥、辛卯，頁九二五五、九三六七。

而銓選中講求資格的做法，比《循資格》出現更早、發生作用的時間更長、範圍更廣。《循資格》及其原則之所以長期行用不衰，絕不是偶然的。

首先，《循資格》是在門閥士族政治徹底衰落的背景下產生的，依資除授的原則以格條形式固定下來，從一個側面體現著歷史的進步。以年勞、資歷為依據注擬選人，有其合理性：在一定程度上可以促使官吏獲得一部門一地區的治事經驗，使一些具有基層實踐的選人得以遞遷，充實官僚隊伍；它奉「依資平配」為信條，可以部分地限制請託、僥倖，阻遏憑蔭入仕的達官貴人子弟的過快陞遷。

其次，《循資格》及其原則的行用，與社會上存在著龐雜臃腫的官僚隊伍分不開。朝廷為鞏固其統治，力求以仕宦之途吸引地主階級不同階層的廣大成員，為他們提供儘可能多的入仕門徑，而且，伴隨高度集權而來的，是為實現專制而補予大批官僚以優厚待遇而導致的嚴重官冗之弊。與此同時，唐宋時期，知識比前代大為普及，但社會開放程度尚低，輕視科技、文化事業，「學而優則仕」的觀念束縛著士子聰明才智的發揮。讀書只是為了做官。制度造成的知識分子出路狹窄，使他們只能成批湧入仕途，窒息在比肩待選的漫長歲月之中。官闕有常額而待擬人無限量，這一矛盾激劇而又突出。統治集團一方面擴大政權容量，增設名號；一方面對選人資格的審查日益嚴格，以稍稍控制入仕之途。《循資格》在《長名牓》、《姓歷狀》的基礎上應運而生，【二】至宋代，其內容更為具體、豐富。儘管它解決不了「員多闕少」的矛盾，統治者卻認為是舍此更無良方了。

更重要的是，循資原則的固定化，是銓選制度中實行高度中央集權的必然產物。隋唐以來，「大小之官，悉由吏部；纖介之跡，皆屬考功」，【二】除授中無法真正做到人盡其才、才盡其用。結果，事物走向了反面：名義上，吏部據「四事（身言書判）三異（德行、才用、勞效）」注擬選人，僅把資歷作為勞效的內容之一；事實上，銓司很難掌握眾多選人的實際才行，因此，查之有據的資歷很容易被看作衡量選人唯一可靠的憑證。這就為吏部解決銓選中的矛盾提供了一條相對「便捷」的途徑：以精求文案的煩瑣事務代替甄別拔擢的複雜工作，取一律以裁萬端，循常規以求寡過。【三】資深者序進，格到者次遷。這樣，資歷在銓選中所佔比重大為提高，從而形成了與考課之法並行，甚至取代了考課之法的年勞之法、循資之法。《循資格》及其奉行的依資序遷原則，使吏部掌管的紛繁頭緒納於一途，銓選有了「平穩」的秩序。這種規定，不過是把久已存在的狀況合法化、制度化罷了。

北宋士大夫對於資格的批評很多、很尖銳。《宋文鑑》卷一〇三所收孫洙對於資格的議論，

【一】《通典》卷一五〈選舉三〉，頁三六一。

【二】《隋書》卷七五〈劉炫傳〉（北京：中華書局，一九七三年），頁一七二一。

【三】蘇軾著，孔凡禮點校：《蘇軾文集》卷九〈擬進士對御試策〉，「古之欲立非常之功者，必有知人之明；苟無知人之明，則循規矩蹈繩墨以求寡過。二者皆審於自知而安於才分者也」（北京：中華書局，一九八六年），頁三〇六。

是有代表性的：

> 今賢材之伏於下者，資格閡之也；職業之廢於官者，資格牽之也；士之寡廉鮮恥者，爭於資格也；民之困於虐政暴吏者，資格之人眾也；萬事之所以玩弊、百吏之所以廢弛、法制之所以頹爛決潰而不之救者，皆資格之失也……利之者，惷愚而廢滯者也；便之者，耋老而庸昏者也。而於天下、國家焉，則大失也、大害也！【一】

但在當時，他們用以批判的武器不過是所謂「祖宗用人之法」。推崇祖宗之制，是恪守家法的宋代特有的現象。儘管士大夫們的追憶，在一定程度上存在著歷史的真實成分，然而，他們所描繪的「理想境界」，即使在宋初，也是不曾存在的。

太祖、太宗時不次用人的情況較多，是因為當時亟需投入大批統治人材，而官吏銓注的全面制度尚未建立，社會上沒有形成固定的依資除授觀念，這種客觀需要與主觀可能性的結合，使當時有必要也有可能破格拔擢。但與此同時，太祖、太宗力求及早建立穩定的銓選秩序，他們對於《循資格》、《長定選格》的重視程度，並不亞於其後諸帝。真、仁等帝所做的一切，正是沿著乃祖乃宗定立的規範發展的。【二】把祖宗之法理想化，主要是反映了士大夫中對於現狀普遍的失望、不滿與批判。

依資遷官，以資序授差遣，在使銓選制度化方面有其作用。但有才能者不得發揮，庸懦之輩例獲陞遷；而且，被擬任人往往學非所用、用非所長，既造成人材的浪費，更貽誤職事，這是宋代治事效率差的原因之一。更重要的是，一切循「資」，造成了宋代士大夫不求奮勵事功，但務墨守成規以保無過的精神狀態，助成了支配兩宋數百年的保守政風。

北宋歷代統治者雖然在不同程度上注意到循資原則導致的弊端，但是，為防範臣下在銓選過程中擅權植黨，仍然要借助於資序制度的嚴密。而正因為有關資序的規定瑣屑紛委，人莫知其涯涘，帝王不可能直接掌握，宰相無法盡詳其究竟，負責除授的主管臣僚也往往不暇通熟其條文。這樣，吏部四選、中書堂除都不得不倚仗所謂「例簿」，比附除注。而終日游軼於其間、詳悉其格條的胥吏則前比後例，任意據援；甲令乙科，隨手高下。這就使除授大權自「人

【一】呂祖謙編，齊治平點校：《宋文鑑》卷一〇三〈策・資格〉（北京：中華書局，一九九二年），頁一四二五——一四二六。

【二】太祖、太宗朝作為一般原則，注擬時是要考慮資序的。太平興國八年，田錫奏疏說：「令錄闕員，據資勞而遷授；簿尉滿任，按歲月以除移。」（《咸平集》卷一〈上太宗條奏事宜〉，頁一七。）咸平二年初，出使江南的裴莊回朝報告說：「朝廷所命知州、通判，率以資考而授……自今望遴選其人，勿以資格授。」（《長編》卷四四，咸平二年二月丙辰，頁九三〇——九三一。）時真宗即位不久，「以資格授」的狀況，顯然是前代遺留的局面。

主」部分旁落於胥吏之手。【一】

注重資序，對帝王的予奪大權有了無形的限制，權力的高度集中反而導致了大權的部分旁落。這不能不說是對君主獨裁制度的一種諷刺。

原載《北京大學學報（哲學社會科學版）》一九八六年第二期，略有修訂。

【一】葉適：《水心文集》卷三〈銓選〉，四部叢刊初編影印明黎諒刊本（上海：商務印書館，一九二九年），葉九b；《文獻通考·自序》，頁八。

宋代資序體制的形成及其運作

在宋代的銓選中，資序（又作「資敘」）具有特殊重要的意義。資序是「資格」的主要內容，它與官員的實際職任（「差遣」）直接相關，主要指考銓任用中「依資入選」的先後次第。資序體制是人事除授工作的基本依據，體現著國家的官僚選任原則，也關係到每一官員的仕宦生涯。不理解資序問題，就不可能對於當時的官僚選任制度有真正深刻的認識。

一、資序體制的形成

（一）「銓衡有序」與「依資入選」

宋代銓選中的資序體制，是在前代「銓衡有序」、「依資入選」的基礎上發展起來的。「舉官任人，國之大典。」[1]官僚的選任，不僅關係到被選者的出路，也關係到典選者的前景；關係到不同社會集團參與政治的現實需求，也關係到當前政局的安定與否乃至整個權勢階層的長遠利益。正因為如此，銓選制度與官僚制度的其他組成部分比較，更需要建立起一套行之有效、標準明確而易於把握的秩序，作為穩定運行的保證。體現儒家正統觀念的「選賢任能」原則，絕少有人反對；但由於標準寬泛，在缺乏充分可靠的信息和通用確定的衡量尺度之條件下，很難得到切實的推行。

在中國古代，對於「銓綜秩序」的討論史不絕書。而這種「秩序」並非凝固僵滯的靜態模式，而是適應政治秩序的需要，在不斷演變、調節的過程中形成，又在一定的歷史條件下發生作用的。

《周禮．天官》「小宰之職」條，即講到「以官府之六敘正群吏」。鄭玄注云，「敘，秩次也，謂先尊後卑也」。【二】同卷「宮伯」條下，說及「掌其政令，行其秩敘，作其徒役之事」，鄭注云：「秩，祿稟也。敘，才等也。」【三】可見，至晚在戰國時對於官吏庶僚的管理中，或以尊卑為次，或依才藝為等，「敘」（序）已受到了充分的重視。

資，本指一些可以依憑的條件。既有由門第決定的「門資」，又有由仕宦經歷決定的「資歷」、由年勞決定的「年資」等等。資序體制的形成，是選任秩序與「年資」、「資歷」相結合的產物，是「依資（歷）入選」原則在銓選中得到確立的結果。而這一原則的逐步確立，經歷了漫長的歷史過程。

【一】陳襄：《古靈先生文集》卷一八〈論差除敕不由封駁司劄子〉，《中華再造善本》影印宋紹興三十一年陳輝刻本（北京：北京圖書館出版社，二〇〇五年），第六冊，葉一二b。

【二】鄭玄注、賈公彥疏，趙伯雄整理、王文錦審定：《周禮注疏》卷三〈天官．小宰〉（北京：北京大學出版社，一九九九年），頁六四。

【三】《周禮注疏》卷三〈天官．宮伯〉，頁九二—九三。

漢代官吏之遷補陞降，強調「位次有序」，【一】重視憑藉「功次」（積勞、久次）循序而進，亦往往有「故事」可供徵引。漢武帝元光元年（前一三四年），董仲舒在賢良對策中曾經指出：「古所謂『功』者，以任官稱職為差，非謂積日累久也。」並且批評了當時「累日以取貴，積久以致官」的狀況。【二】看來早在漢代的官僚銓任中，對於「功勞」的理解和掌握已經出現了偏倚日月、「年勞」的傾向。

魏晉南北朝時期，對於一般官員的任用次第及其程式，被稱之為「銓次」「選序」。曹魏時期，劉寔著〈崇讓論〉，其中即指出：「因資用人之有失久矣。」「九品官人之法」至西晉時漸弊，「遂計官資以定品格，天下惟以居位者為貴」。【三】南朝時，資歷成為銓選中依次授任的重要依據。【四】不過，在當時尚不可能取代社會上普遍接受的「門冑」（「門資」）等因素乃至清議的衡量品評作用。

北朝與南朝政治情勢不同，制度的演進亦有差別。北魏後期，「依資入選」的原則首次以條格形式在銓選中肯定下來。

北魏孝明帝初年，胡太后當朝。征西將軍、冀州大中正張彝之子仲瑀上封事，建議在銓選中排抑武夫，不使其預清品。這種強調文武清濁界限的主張，激起倚恃軍功的武人之憤怒，「喧謗盈路」。神龜二年（五一九年），羽林虎賁千餘人毆殺張彝與長子始均，焚其宅邸，幾乎釀成一起嚴重的政治變亂。朝廷無奈，「乃命武官得依資入選」。【五】

武官依資入選，給正常的銓選工作造成了很大困難。能夠安排的官員職位數量有限，而應調參選的人員卻為數眾多，源源而來。吏部尚書李韶一籌莫展，無計可施，結果引惹出新的不滿。在這種情勢之下，無法再依常格除注。於是，「兼、正六為吏部郎、三為尚書」【六】的崔亮，受命於危難之際，出任吏部尚書。《魏書》卷六六〈崔亮傳〉記載了這件事：

> 時羽林新害張彝之後，靈太后（按：胡太后謚曰「靈」）令武官得依資入選。官員既少，應選者多，前尚書李韶循常擢人，百姓大為嗟怨。亮乃奏為格制，不問士之賢愚，專

【一】班固：《漢書》卷八三〈朱博傳〉（北京：中華書局，一九六二年），頁三四〇五。

【二】《漢書》卷五六〈董仲舒傳〉，頁二五一三。

【三】房玄齡等：《晉書》卷四一〈劉寔傳〉（北京：中華書局，一九七四年），頁一一九二；姚思廉：《陳書》卷二六〈徐陵傳〉（北京：中華書局，一九七二年），頁三三二—三三三；杜佑著，王文錦等點校：《通典》卷一四〈選舉二〉（北京，中華書局，一九八八年），頁三三〇。

【四】姚思廉：《梁書》卷三〇〈裴子野傳〉（北京：中華書局，一九七三年），頁四四一—四四四；《梁書》卷二一〈江蒨傳〉，頁三三三—三三五。

【五】杜佑著，王文錦等點校：《通典》卷一四〈選舉二〉（北京：中華書局，一九八八年），頁三三八；司馬光編著：《資治通鑑》卷一四九，梁天監十八年二月庚午（北京：中華書局，一九五六年），頁四六四二—四六四三。

【六】魏收：《魏書》卷六六〈崔亮傳〉（北京：中華書局，一九七四年），頁一四八〇。

以停解日月為斷。雖復官須此人，停日後者終於不得；庸才下品，年月久者灼然先用。沉滯者皆稱其能。【一】

崔亮所奏格制，被稱為《停年格》，其核心內容在於「不問士之賢愚，專以停解日月為斷」。其選授原則是先取資歷深、歲月久者。

《停年格》的創設，有其不得已之苦衷。崔亮在回答外甥劉景安的責難時說，如今選官之責專歸吏部尚書，以一人之鑑，無法照察天下；況且參選者多為武夫，本難求其「烹鮮之效」，「是以權立此格，限以停年耳」。【二】他直接的用意在於尋求一種相對固定、能夠為多數參選者接受的選授標準，把吏部從「官員既少，應調者多」的困窘狀態下暫時解脫出來。而在文化差異、士庶差異突出的當時，以年為限，恰恰有效地淡化了不同社會集團爭取入仕權利的強烈政治色彩。

從劉景安以及薛琡、辛雄等人對《停年格》的批評來看，詔令中針對武官提出的「依資入選」原則，在當時的銓選中決非僅僅行用於武官，而是對全體參選者普遍施行的。該原則產生於門地資蔭之法、九品中正之制日漸隳廢的背景之下，它之所以能夠得到承認，是年勞、資次等因素在銓選中長期作用的結果。

僅就北魏而言，孝文帝時，高祐即曾批評「今之選舉，不採識治之優劣，專簡年勞之多少」。【三】孝明帝熙平元年（五一六年），任城王元澄及廷尉少卿袁翻等也批評北邊鎮將之選彌輕，「官不擇人，唯論資級」。【四】此後不久，深得胡太后倚信的清河王元懌曾經「以官人失序」，上表回顧孝文帝時具有濃厚士族化色彩的選任秩序，建議「式遵儀範，奉順成規」，「革選中正，一依前軌」。「太后詔依表施行，而終不能用。」【五】

這正說明，以年資為據這一官僚政治下常用於取士的技術標準，正在排斥士族政治下通用的以門資為據的取士標準。身為清河崔氏一員又饒有典選經驗的崔亮，專掌選事之後，為情勢所逼，認識到「時宜須異」，通過《停年格》將「年」與「資」更為明確、更為緊密地結合起來，使之成為銓任中的正式依據。重年資而略能績，有其突出弊端。但在當時，在銓次、選序中，「年資」作為「門資」的替代物出現，顯然是與歷史的進步相聯繫的。

將年資引為銓選的主要依據，一旦在吏部施行開來，掌選者「利其便己，踵而行之。自是賢愚同貫，涇渭無別」。後人普遍認為「魏之失才，從亮始也」。崔亮苦心孤詣，竟難以擺脫

【一】《魏書》卷六六〈崔亮傳〉，頁一四七九。
【二】《魏書》卷六六〈崔亮傳〉，頁一四八〇。
【三】《魏書》卷五七〈高祐傳〉，頁一二六一。
【四】《資治通鑑》卷一四八，頁四六二七。
【五】《通典》卷一六〈選舉四〉，頁三九一。

本人亦無可奈何的深刻矛盾：「仲尼云：『德我者亦《春秋》，罪我者亦《春秋》。』」「千載之後，誰知我哉！」【一】

在其後的兩個世紀中，「依資入選」原則有了進一步的發展。唐代中期，銓選中出現了《循資格》。

早在唐高宗時期，由於承平既久，求進者眾，據劉祥道說，永徽末、顯慶初，每年入流數超過一千四百人。「官員有數，入流無限」【二】的矛盾愈益突出。當時內外文武官一品以下、九品以上，共計一萬三千四百六十五員，其中多數由吏部銓任，選司難以一一簡擇。武則天當朝，官僚隊伍更是急劇膨脹。其間雖經裴行儉、李敬玄、張仁禕等人設《長名姓歷榜》，改革銓注程式；雖有魏玄同、薛謙光等人主張遷革「權道」、分任群司、薦賢任能的建議；終於無法扭轉「選集之始，霧積雲屯，擢敘於終，十不收一」的狀況。【三】

唐玄宗開元十八年（七三〇年），侍中裴光庭兼吏部尚書。為扭轉「士人猥眾，專務趨競，銓品枉橈」【四】之弊，他在其父裴行儉所創《長名姓歷榜》的基礎上，作《循資格》，把官資高卑與選數多少聯繫起來，作為參選的基本條件。

《通典》卷一五〈選舉典三〉：

至玄宗開元中，行儉子光庭為侍中，以選人既無常限，或有出身二十餘年而不獲祿者，復作《循資格》，定為限域。凡官罷滿，以若干選而集，各有差等。卑官多選，高官少選，賢愚一貫，必合乎格者乃得銓授。自下升上，限年躡級，不得踰越。久淹不收者皆荷之，謂之「聖書」。雖小有常規，而掄才之方失矣。其有異才高行，聽擢不次，然有其制而無其事，有司但守文奉式循資例而已。【五】

《循資格》與《停年格》一脈相承。它的直接適用對象是六品以下選人，而「循資」原則影響所及，則範圍寬泛得多。

開元二十一年（七三三年）裴光庭死後，蕭嵩、張九齡等人以其「非求材之方」，奏請廢罷了《循資格》。但是，《循資格》所試圖解決的「選序」問題依然存在，「官員有數，入流無限」的矛盾更形突出。「按格令，內外官萬八千八十五員；而合入官者，自諸館學生以降，凡

【一】《魏書》卷六六〈崔亮傳〉，頁一四八〇。
【二】《通典》卷一七〈選舉五〉，頁四〇四。
【三】《通典》卷一五〈選舉三〉，頁三六一；《通典》卷一七〈選舉五〉，頁四〇八；劉昫等：《舊唐書》卷八七〈魏玄同傳〉（北京：中華書局，一九七五年），頁二八五〇。
【四】歐陽脩、宋祁撰：《新唐書》卷一〇八〈裴光庭傳〉（北京：中華書局，一九七五年），頁四〇九〇。
【五】《通典》卷一五〈選舉三〉，頁三六一。

十二萬餘員。」此外，不係常員者，不可悉數，「大率約八、九人爭官一員」。【一】時刻處於巨大壓力之下的業務部門，迫切要求取一律以裁萬端。在這種情況下，《循資格》奉行的注重資歷的原則繼續沿用下來，用《舊唐書》卷四二〈職官志一〉中的話說：「其後每年雖小有移改，然相承至今用之。」【二】

在要求「銓衡有序」的大背景下，「循資」原則既經確定，「資序」體制的出臺已屬必然。中晚唐時期，在選司行用的格制文件中，「資序」（資敘）一詞已經屢屢出現。《唐會要》卷七四〈吏曹條例〉載唐德宗貞元二年（七八六年）三月吏部奏文，其中說：

> 伏准今年二月十三日敕，除臺省常參官，餘六品以下，並准舊例，都付本司處分者。其六品以下選人中，有人才書判無闕相當，承前准格，皆送中書門下……應緣功狀及非時與官，合授正員額，並選限內無闕注擬者，伏請量事計日，用成三考闕。如臨時人數稍多，注擬不足，灼然須處置發遣，即請兼用兩考以上得資闕，並量人才、資序注擬訖，准敕送中書門下詳定可否。其六品以下有官資稍高，合入五品，縱非五品，亦請依前送名。【三】

同書同卷載其年三月敕旨：

五品官……宜付吏部檢勘訖，送中書門下。其據資敘卻合授六品以下官，任便處分。【四】

看來，「資序」（或曰「資敘」，亦即「官資」）在當時是指銓選中擬注官職「填闕」時敘理的依據。

類似用法其後逐漸增多，在《冊府元龜．銓選部．條制門》中可以找到不少晚唐乃至五代時期的例證。例如，該書卷六三四〈銓選部．條制六〉有後周太祖廣順元年（九五一年）的一批詔敕。在十月下達的一條敕文中說：

選部公事比置三銓，所有員闕、選人分在三處，每至注擬之際，資敘難得相當。況又今年選人不多，宜令三銓公事併為一處，委本司長官、通判同商量可否施行。所冀掄選得

【一】《通典》卷一五〈選舉三〉，頁三六二。

【二】《舊唐書》卷四二〈職官一〉，頁一八〇五。

【三】王溥：《唐會要》卷七四〈選部上〉（上海：上海古籍出版社，二〇〇六年），頁一五九八—一五九九。

【四】《唐會要》卷七四〈選部上〉，頁一五九九。

中，銓綜有序。【一】

很明顯，「資序」的出現，是與建立銓選秩序的努力聯繫在一起的。關於官僚選任方式問題，歷史上長期存在著兩種主張的對立。北魏薛琡、劉景安責難《停年格》，唐代魏玄同、沈既濟批評吏部法，主張擇舉主、重德行，行薦舉辟召之制，代表著要求惟才是舉、不次用人的一派立場。這種議論，反映著儒生文士的正統見解，對於政治清明、整飭吏治，很有可取之處。但是，較之一元化、有憑據的「資次」，多元且無定型的「才德」，顯然難以把握，以之為據，會給主管部門的日常工作造成極大的困難。而且，不觸及專制集權的政治體制，人事制度單方面的改革無法深入進行。所謂「銓法簡而任重」【二】的狀況，在統治者心目中，絕不是維護最高權力的理想狀態。

《停年格》、《長名榜》與《循資格》，體現著另一派觀點。這些格制的創設人，是一批老於政務、且習知吏部選事者。他們希望能夠以法令條格的形式，為當時頭緒紛繁、怨尤叢集的銓選設置出有章可循的常規。從這一意義上講，他們的試驗都有成功之處。這些規則的相繼產生，反映了當時人事管理制度走向標準化、程式化的過程。

（二）資序體制在宋代的形成

資序體制的真正形成，是宋代的事。

宋代的設官分職制度，主要特點之一在於「官」（本官、正官、寄祿官）與「差遣」的分離。如《宋史．職官志（序）》所說：

> 其官人受授之別，則有官、有職、有差遣。官以寓祿秩、敘位著，職以待文學之選，而別為差遣以治內外之事。

在這種制度下，仕人「不以官之遲速為榮滯」，而「以差遣要劇為貴途」。【三】

北宋前期的本官系統，自隋唐職事官系統演化而來。就其外在形式來看，本官系統所採用的，正是隋唐省、部、寺、監職事官的稱謂；就其實質而言，本官系統已經脱離了實際「職事」，名號依舊而功能迥異。在宋人心目中，它代表的僅僅是階秩的高下區分，是官員的社會

【一】王欽若等編：《宋本冊府元龜》卷六三四〈銓選部．條制六〉（北京：中華書局，一九八九年），頁九b，頁二〇六一。

【二】《新唐書》卷四五〈選舉志下〉，頁一一七五。

【三】脱脱等：《宋史》卷一六一〈職官志一〉（北京：中華書局，一九八五年），頁三七六八。

地位及其基本待遇。

宋神宗元豐年間進行官制改革，將原散官稱謂加以整理，修改為寄祿階，用以取代原有本官系統。此後，「官」與「差遣」的分離改變了形式，但是依然存在。

在宋代，官員寄祿階秩（本官）的晉陞，稱作「敘遷」。敘遷的主要依據是官資，或曰「資」。

資序，在宋代主要用來指差遣除授時的依據。當然，這並非絕對，特別是在北宋前期。《宋史》卷一五八〈選舉志四〉講到宋太宗淳化年間所定官秩敘遷之制時，即將本官資稱作「資敘」。又如，《長編》載天聖元年（一〇二三年）十二月詔，說：

御史臺主簿多是資序合入大理寺丞、著作佐郎，除授之時並理光祿寺丞……自今更不理光祿寺丞資敘，只守本官，仍支與前任請受，候三年滿無遺闕，依元入官資敘與京朝官。【二】

隨著宋代官僚選任制度的定型，「資」與「資序」的含義逐漸明確區分開來。北宋時，較之主要服務於地方基層的幕職州縣官（「選人」），京朝官之「差遣」與「官」的分離更加徹底，因而「資序」與「資」的分化尤為明顯。

二、宋代資序體制的主要內容

宋代的「資格」，應該說是以資序為核心，同時亦包括本官、職名在內的綜合體。對於資序體制的具體內容，史志中似乎缺乏專門而又系統的記載。不過，在宋人的著述中，相關的記述可以說在在皆是。

（一）宋代對於關陞資序的規定

在宋代，官員的資序主要由差遣職務的高低及任數構成，即所謂「惟以差遣為資歷」【二】。某一差遣任內二年成資（或曰「得資」），通常便被承認具備了該資序，如「第一任知縣資序」「第二任知州資序」等。

整個資序系統依差遣性質不同，分為親民、監當（釐務）兩大類別。親民資序由諸多外任行政差遣層次組成。下至基層四等七資幕職州縣官，上至京朝官擔任的知縣、通判、知州、諸路提點刑獄乃至轉運使，次第井然；在同一級別的職任中，又依其縣、州、路分的大小、遠

【一】《長編》卷一〇一，天聖元年十二月，頁二三四四—二三四五。

【二】《宋史》卷一五八〈選舉志四〉，頁三六九五。

近、緊要程度等因素而區別上下輕重。監當官主要是指派駐各處監管繁瑣財務（如茶鹽酒稅、冶鑄等）的官員，其資序低於親民資序。

對於一般官員資序的陞遷被稱作「關陞」。關陞資序時，多有一定的考任限制，還需要有現任官員保薦。例如，今存南宋《吏部條法．關陞門》載明，京官承務郎以上「監當」資序人，須滿兩任六考、有舉主四人，纔能關陞「親民」的知縣資序。【一】

宋人關於關陞資序的記載很多，彼此歧互之處不少。這可能是由於時期各異而造成的。一般來講，監當入親民、知縣入通判、通判入知州，多以兩任為限。【二】

對於資序問題最為詳盡的說明，是北宋元祐時期文彥博就京朝官「自來除授官職次序」問題，向太皇太后高氏所做的一番解釋：

吏部尚選人兩任親民、有舉主，陞通判；通判兩任滿，有舉主，陞知州軍。自此以上敘陞，今謂之「常調」。知州軍有績效或有舉薦，名實相副者，特擢陞轉運使副、判官或提點刑獄、省府推判官，今謂之「出常調」。

轉運使有路分輕重、遠近之差：河北、陝西、河東三路為重路，歲滿多任三司副使或任江淮都大發運使，發運使任滿亦充三司副使。成都路次三路，任滿亦有充三司副使或江淮發運使。京東西、淮南又其次，江南東西、荊湖南北、兩浙路又次之，二廣、福建、梓利夔路為遠小。以上三等路分轉運使副任滿，或就移近上次等路分、或歸任省府判官，漸次擢充三路重任，以至三司副使。內提點刑獄則不拘路分輕重除授。轉運使副、省府判官或逐急藉才，差知大藩鎮者，其歸亦多任三司副使或直除修撰、待制者。三司副使歲滿即除待制；有本官是前行郎中、少卿，或除諫議大夫者；有資淺而除集賢殿修撰，充都轉運使，後亦除待制。

三院御史舊多是兩任通判以上舉充，歲滿多差充省府判官或諸路轉運副使，累遷至三路，歲滿充三司副使，又歲滿除待制。御史或言事稱職，公論所推，即非次拔擢，繫自特恩。

正言、司諫自來遷擢無定制，或兼帶館職、文行著聞，或議論識體、方正敢言，朝廷所知，臨時不次擢用，本無常法。

三館職事本育才待用之地，例當在館久任。其間資地、人品素高者，除修起居注（即今起居郎、舍人），遇知制誥有闕，即試補（即今中書舍人）。

【一】劉篤才點校：《吏部條法．關陞門》，楊一凡、田濤主編：《中國稀珍法律典籍續編》，第二冊（哈爾濱：黑龍江人民出版社，二〇〇二年），頁二九三。

【二】張方平撰，鄭涵點校：《張方平集》卷一八〈對〉（鄭州：中州古籍出版社，一九九二年），頁二二六。

以上並舊制甄別資品、履歷，次第除注之法，與今來官制或小異而大同。【一】

該《次序》中雖未揭明「資序」二字，而自始至終次第闡述的，卻正是親民資序由低向高的陞陟序列。從中我們可以看到，資序加舉主，是吏部負責銓任的常調官員陞陟差遣的主要條件；可以看到當時親民官員通常的職任遞遷路徑；也可以看到本官、貼職與差遣的相互制約和互補關係。

據洪邁說，「潞公所奏乃是治平以前常行」【二】，也就是說，大體上是北宋前期通常施行的辦法。南宋繼承了北宋「用考任、舉主關陞（資序）」【三】的基本精神，明確規定「（寄祿官）奉直大夫以上免關陞，注知州」，【四】中下層文官的遞遷路徑與北宋大致類同。現存《吏部條法·關陞門》中，有當時對於關陞資序的詳細條文。今試據其基本規定，整理為示意圖表。

【一】文彥博：《文潞公文集》卷二九〈奏除改舊制〉，影印明嘉靖五年刻本，《宋集珍本叢刊》第五冊（北京：線裝書局，二〇〇四年），葉二a—葉三b，頁四〇三—四〇四；《長編》卷四〇四，元祐二年八月癸未，頁九八三二—九八三三。

【二】洪邁撰，孔凡禮點校：《容齋隨筆·四筆》卷二〈文潞公奏除改官制〉（北京：中華書局，二〇〇五年），頁六五三。

【三】《吏部條法·關陞門》，頁三〇〇。

【四】《吏部條法·關陞門》，頁二九九。

南宋關陞資序略表

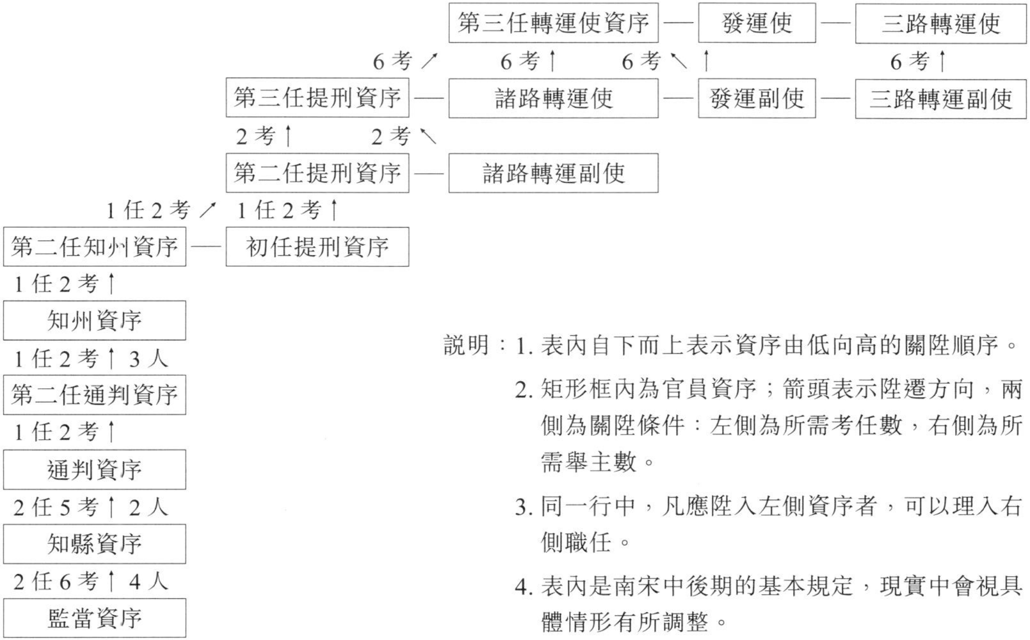

說明：1. 表內自下而上表示資序由低向高的關陞順序。

2. 矩形框內為官員資序；箭頭表示陞遷方向，兩側為關陞條件：左側為所需考任數，右側為所需舉主數。

3. 同一行中，凡應陞入左側資序者，可以理入右側職任。

4. 表內是南宋中後期的基本規定，現實中會視具體情形有所調整。

官員差遣職任的陞遷，往往不是線性單向的。知縣——通判——知州——監司（提刑——轉運）大約兩任一遷，這衹是就資序體制的一般規定而言。由於不少官員有在中央、地方交錯任職的經歷，而為了便於排比，在中央任職者亦比照敘理地方官資序，因此，具備知縣、知州資序，並不等於該人確曾出任該職。而且，宋代「官不久任」的現象十分突出，滿任一般需要三年，而事實上任內不成資（大約不足兩年）的官員為數眾多。這就要靠兩次乃至數次職任「通計」「通理」的辦法來折合成「任」。

大致說來，外任京朝官先歷通判、知州，再任監司長官。但這並不是說，所有親民官員都是從州至路，循著同一途徑直線前行；也並不意味著，任職於州府的諸位長官，所具備的資序必定低於監司長官。知大藩、節鎮等重要府州者，有可能具備提點刑獄甚至轉運使副資序；知州而兼任安撫使者，則更是如此。從宋人的傳記資料中，我們可以發現大量先曾出任知州、繼任監司、又轉而知某州的事例。這裡存在多種可能，較常見的，一是這後一州府類別較高，要求具備監司資序者擔當其長官；二是銓次授任時，或須藉重於某人才器，或與申請職任者資序相當的窠闕（職位）有限，因而「超資」或「折資」擬授。另外，臨時調易官員差遣時（特別對於「出常調」者），資序上下參差的情形更多。當然，也有由於銓選部門疏忽造成的除授「錯位」。例如，北宋仁宗時，兩浙轉運使張瓌代還，被朝廷差知潁州，而「未嘗以資序自言」，被譽為恬退的典範。【一】

（二）差遣職任與資序的對應

秩序井然的原則規定，在複雜多變的官僚場上，很難不折不扣地照樣實施。為保證根據需求及時派遣，必須採用一種上下銜接、縱橫貫通、此出彼入而富於彈性的差遣與資序對應方式。而這套體系，是在人事選任工作的長期實踐中，在矛盾、平衡的反復運作中，逐漸豐富起來的。它能夠適應變化的條件，或「折資」、或「超資」，或者通過調整職任的稱謂等方式，實現以資序為基軸的、相對靈活的差遣除授。這種「靈活」，既是對資序條文一定程度上的背離，又體現著資序原則的制約。宋代的資序體制，正是以這種方式發揮其作用的。

在宋代，同一差遣職務往往被劃分出不同的等級次第，根據就職者資格的高低，委以不同的名目。即以諸路轉運司官員為例，除有路分輕重的不同外，在同路同司任職者，亦可能有都轉運使、轉運使、權轉運使、權發遣轉運司公事以及轉運副使、權副使、轉運判官、權判官等名目的區別。這些稱謂，顯現在宋人面前的，一方面關係到其職權範圍的大小；另一方面，或許更主要的，是任事者資格的深淺程度。

即以都轉運使為例，有統領兩路乃至數路而為都轉運使者，更有僅因本人之侍從官資格即除都轉運使者。太宗時，樊知古為右諫議大夫，任河北東、西路都轉運使，此後，如《職官分

【一】《宋史》卷三三〇〈張瓌傳〉，頁一〇六二五。

紀》所說，「兩省五品以上則為都轉運使」。【二】南宋前期，據《宋史．職官志》載，「諸路事體當合一，則置都轉運使以總之」。當時，有「張公濟為江、浙、荊湖、廣南、福建都運，趙開為四川都運」。【三】但這種情形畢竟不多。都轉運使頭銜，大多場合下是為出任轉運使的侍從官們準備的，這些人「不問兩路一路，並為都轉運使」。韓元吉在其〈看詳都轉運使申狀〉中，對此有具體說明。【三】

傅求在北宋中期的仕宦經歷具有一定的代表性。他天聖二年（一〇二四年）自進士甲科出身，兩任知縣、兩任通判之後，出知宿州；繼而先後提點江西路、益州路刑獄，又相繼任梓州路、陝西路轉運使。入三司為戶部副使，又以天章閣待制身分第二次出漕陝西，不過此番職銜稱作「陝西都轉運使」。卸任後，一度進京任職，判三班院、流內銓。嘉祐二年（一〇五七年）帶龍圖閣直學士職名（「貼職」）知慶州，任環慶路經略安撫使兼都部署；徙涇原路，知渭州；不久再度進京任職；嘉祐八年（一〇六三年）以樞密直學士知定州，為定州路安撫使兼都總管；治平中應召入京，神宗初年因斷獄差失而出知兗州。【四】

傅求「有吏能幹局」，自天聖二年（一〇二四年）入仕至熙寧六年（一〇七三年）去世，五十年間，在地方、中央交替任職。僅就地方而言，他歷任知縣、通判、知州，路分憲（提點刑獄）、漕（轉運使、都轉運使）、帥（安撫使）司首長，可以說是循著資序階梯一步步遞陞上去的。他兩度出漕陝西，後一次由於資格已深、職名益高，正式差遣頭銜改稱「都轉運使」。

在轉運司長官中，又有「權」、「權發遣」之類名銜，專待資序低淺者。熙寧變法期間，此制大行。《古今合璧事類備要（後集）》「轉運使」條載：「熙寧二年詔轉運使用本資序人即『充』，資序下一等為『權』，二等為『權發遣』。」[五]據司馬光記載李舜卿的話說：「介甫用新進為提、轉，其資在通判以下則稱『權發遣』，知州稱『權』，又遷則落『權』字。」[六]

「權」、「權知」一類名目，唐代即已出現於官員差遣名銜之中，意思是指臨時代理而非正

【一】孫逢吉：《職官分紀》卷四七〈諸路轉運使副使判官〉，《景印文淵閣四庫全書》第九二三冊（臺北：臺灣商務印書館，一九八六年），頁八四六。

【二】脫脫等：《宋史》卷一六七〈職官志七〉，頁三九六五。

【三】韓元吉：《南澗甲乙稿》卷九〈看詳都轉運使申狀〉，《景印文淵閣四庫全書》第一一六五冊（臺北：臺灣商務印書館，一九八六年），頁一〇九—一一〇。

【四】《張方平集》卷三六〈宋故龍圖閣學士朝散大夫尚書工部侍郎提舉南京鴻慶宮上柱國清河郡開國公食邑三千八百户食實封八百户賜紫金魚袋傅公神道碑銘並序〉，頁六一二—六一七；《宋史》卷三三〇〈傅求傳〉，頁一〇六二一—一〇六二二。

【五】謝維新編：《古今合璧事類備要．後集》卷六七，《中華再造善本》影印宋刻本（北京：北京圖書館出版社，二〇〇六年），頁八a。

【六】司馬光撰，鄧廣銘、張希清點校：《涑水記聞》卷一六（北京：中華書局，一九八九年），頁三一〇。

式除授。例如韓愈即曾權知國子博士三年，而後改真博士。【一】在宋代，「權」字所體現的，主要是任職者自身資序與該差遣職位之間存在的差距。

宋代諸路轉運司雖設轉運使、副使及判官等職，但是很少在同路內設置齊備。南宋時，轉運使額名雖存，而一路中不派轉運使，卻以資序較淺的轉運副使或轉運判官行使漕司職權，成為越來越常見的現象。

僅以江南東路與兩浙路為例：據《景定建康志》，自建炎初至景定二年（一二六一年）的一百三十餘年間，相繼出任江南東路轉運司長官者，先後一百二十四人次。其中轉運判官六十二人、轉運副使五十九人、暫權運司事者一人；任轉運使者，僅向子諲與趙希坙二人。【二】《咸淳臨安志》記載了自建炎元年（一一二七年）至咸淳八年（一二七二年）的一百四十五年中，任兩浙轉運司長官者一百九十九人次。其中包括九十六任運判、九十三任運副、添差者五員；而轉運使衹有張澄、王克仁、趙與訔三人；都轉運使為曾任淮南、江、浙、荊湖等路制置發運使、貼職顯謨閣待制的李迨，和曾任江淮發運副使、江東轉運使、貼職徽猷閣待制的向子諲。這些人中，有二十五名自運判陞本司運副再任。而王克仁更於「淳祐十二年七月除運判、寶祐元年四月陞副、二年十一月除寶章閣待制、兩浙轉運使」。兩年內資序迭陞，身分變化而實際職責如故。【三】

這種狀況的出現，應當是因為朝廷急需財物用度，漕司事劇任重，亟待強幹人材理事，而難得資序相當者，故以運副、運判處之。這正如《宋史・職官志》講到南宋轉運司時所說：「隨軍及都運廢置不常，而正使不廢，若副使、若判官，皆隨資之淺深稱焉。」【四】而對這些行使漕司職權的運副、運判，人們亦以漕使視之，這在宋代士大夫心目中十分明確：「隔等而授，是擇才能也；結銜有差，是參用資格也。」【五】

至於「總一路兵政」的諸路安撫司長官，據《宋史・職官志》說，南渡前，須「太中大夫以上，或曾歷侍從乃得之，品卑者止稱『主管（管勾）某路安撫司公事』。中興以後，職名稍高者出守，皆可兼使，如係二品以上，即稱『安撫大使』。」【六】也就是說，擔當帥司長官者，資格可能大不相同。而其資歷、品秩、職名的不同，則通過繫銜之差異體現出來。南宋淳熙八年

【一】李翶：《李文公集》卷一一〈韓吏部行狀〉，《四部叢刊初編》影印明成化乙未刊本（上海：商務印書館，一九二九年），葉一b。

【二】馬光祖修，周應合纂：《景定建康志》卷二六，影印清嘉慶六年金陵孫忞祠刻本，《宋元方志叢刊》第二冊（北京：中華書局，一九九〇年），頁一九a——二六b，頁一七五八——一七六二。

【三】潛說友纂修：《咸淳臨安志》卷五〇，影印清道光十年錢塘汪氏振綺堂刊本，《宋元方志叢刊》第四冊（北京：中華書局，一九九〇年），頁二b——一二b，頁三七九一——三七九六。

【四】《宋史》卷一六七〈職官志七〉，頁三九六五。

【五】《宋史》卷一五八〈選舉志四〉，頁三七一六。

【六】《宋史》卷一六七〈職官志七〉，頁三九六一。

（一一八一年），辛棄疾知隆興府兼江西安撫，其署銜為「奉議郎、充右文殿修撰、知隆興軍府事、兼管內勸農營田事、主管江南西路安撫司公事、馬步軍都總管」。【一】所謂主管某司公事者，喻其資格尚淺也。但這並不妨礙辛棄疾履行安撫使之職責，也不妨礙時人稱之為「辛帥」、「辛安撫」。這種授任繫銜方式，無疑擴大了朝廷「選人填闕」之範圍，有利於隨材任使。

職責相同，而以體現履歷的資序及體現清要資望的貼職決定所差遣職事的稱謂、以職務結銜的不同等次體現任事者身分差異的做法，在宋代十分普遍。不僅對諸路轉運司、安撫司長官，對知府州乃至典京師者亦有類似規定。再以傅求為例，他在嘉祐六年、治平初年曾經兩度以龍圖閣直學士身分「權發遣開封府事」；治平三年十二月他再度領開封府事，此番則因資格稍深而授銜「權知開封府」。【二】

《續資治通鑑長編》卷三七〇有元祐元年（一〇八六年）閏二月丁巳詔：

> 詔今後差知西京、大名、應天、成都、太原、永興、成德軍、秦、延、青、鄆、杭、瀛、定、慶、渭、熙、廣、桂州，並待制以上人；如未至上件職任，曾任正提刑以上即「權」，餘並「權發遣」；其兼安撫、總管等，自依舊條。其知河陽、荊南、江寧、潁昌、河中、鳳翔、陝府、陳、襄、鄧、潞、揚、亳、蘇、越、洪、潭、泉、福、梓、徐、曹、蔡、鄭、滑、相、邢、同、晉、廬、壽、湖、明、宣、滄、齊、棣州，以上並差曾任正提

刑人；餘並「權」；通判以下資序「權發遣」。其現任提刑以上，因差知州，即具歷任取旨。【三】

《宋史》卷一五八〈選舉志四〉有淳熙三年（一一七六年）中書舍人程大昌的一番話：

舊制，選人改秩後兩任關升通判，通判兩任關升知州，知州兩任即理提刑資序。除授之際，則又有別以知縣資序隔兩等而作州者，謂之「權發遣」；以通判資序隔一等而作州者，謂之「權知」。【四】

正因為如此，《官制舊典》中說：「朝廷每除藩府監司，必有理某資序指揮」。【五】

【一】辛棄疾著，鄧廣銘輯校：《辛稼軒詩文鈔存．祭呂東萊先生文》（上海：古典文學出版社，一九五七年），頁五四。

【二】周寶珠：《宋代東京研究》（開封：河南大學出版社，一九九二年），頁一二七—一二八。

【三】《長編》卷三七〇，元祐元年閏二月丁巳，頁八九五五。

【四】《宋史》卷一五八〈選舉志四〉，頁三七一六。

【五】林駧：《新箋決科古今源流至論．續集》卷七〈資格〉，《中華再造善本》影印元延祐四年圓沙書院刻本（北京：北京圖書館出版社，二〇〇五年），第一四冊，葉七b。

外官如此，比擬外官資任的在京諸司、臺省寺監官亦如是。在除授職任時，經常因此而需要說明「以××資序人充」或者本任「理××資序」。

英宗初年，三司官以次遷而任用不久，相習成為「養資假途」的場所，時議患之。中書奏請鹽鐵稅案、度支錢粟案、發遣案、戶部修造案及開拆司等五處尤其繁要的部門，用資淺人久任，其餘以待諸路轉運使、提點刑獄為「出入之須」。於是為這些案司規定了極詳悉的敘理資序辦法。例如，選初任通判一年以上人為「權發遣」，候及二週年令再任，與理知州資序；兩任及六週年，理初任提刑資序；三任及七週年，理第二任提刑資序出外，等等。【一】

六曹郎官的除授，也受到資序的制約。元豐改官制前，郎中、員外郎是寄祿官的不同階秩；改官制後，一司內郎中、員外郎之區別，主要仍不在於能力與職責的差異，而在於資序的深淺。元豐官制中規定，郎官理郡守以上資任者為郎中，通判以下資序者為員外郎。雖理知州資序，未曾實歷知州及監司、開封府推判官者，祇除員外郎。【二】

吏部郎官，在六曹中職任尤重，資秩亦高。《宋史·職官志》講到尚書省吏部郎中、員外郎時，說：

> 凡郎官，並用知府資序以上人充，未及者為員外郎……初進擬，第云「吏部郎官」；及擬告身細銜，始直書尚書吏部郎中或員外郎，主管尚書某選，主管侍郎某選。【三】

看來，朝廷在一定範圍內物色吏部郎官時，應著重考慮其人品、才幹；而有司在擬定具體職銜時，則主要依據其資序深淺。其他各曹亦不例外。《古今合璧事類備要・後集》卷二六「郎中」條有云：

> 郎中，員外郎亦自為兩等，頗自履歷而授之。後來相承必欲以關升知州資序為郎中，於是拜員外者具改官實歷歲月申吏部，不以若干任，但通理細滿八考，則陞知州，乃作正郎，別命給告。頃常有旨，初除郎官，雖資歷已高，且為員外郎，候吏部再申，然後陞作郎中。【四】

朝廷百官皆理外任資序，據資序定職銜，「通理」考數折合任數……這些做法，看似複雜曲折，事實上使得紛紛紜紜的銓選授任趨於簡單易行了。

【一】《職官分紀》卷一三〈三司〉，《景印文淵閣四庫全書》第九二三冊，頁三〇一—三〇二。

【二】章如愚輯：《山堂先生群書考索・後集》卷七引《四朝志》，《中華再造善本》影印元延祐七年圓沙書院刻本（北京：北京圖書館出版社，二〇〇六年），第二三冊，葉八a。

【三】《宋史》卷一六三〈職官志三〉，頁三八三六。

【四】《古今合璧事類備要・後集》卷二六〈郎中〉，頁九b。

(三) 小結

宋代的文官選任，是通過堂除、常調、定差、奏辟等多種途徑進行的。在不同的渠道、不同的部門之中，優先適用的原則亦不盡相同。相對而言，資序體制在廣大中下層官員的除授過程中作用更為突出。

宋代銓選中關於敘理資序、關陞資序的規定很多，而且經常處於調整之中。這主要是為了相對順利地完成官員（「員」）與職位（「闕」）的對應組合，以期達到所謂「為官擇人」的目標。以差遣職事為中心，寄祿階、職名、資序皆圍繞運作，這是宋代人事選任制度的重要特點。資序是官員與差遣結合的產物，是除授差遣時衡量官員身分、確定窠闕類型的基準，因而受到待擬人與銓司的一貫重視。

資序來自差遣，資序的敘理與差遣的除授有直接的對應關係。一般情況下，可以說差遣的或高或低，是圍繞資序這一基軸而上下浮動的。但是，資序又不等同於差遣，作為銓司授任的檔案依據，資序遠較差遣整齊劃一而穩定少變。二者間的差距，表現為不同的類型。這裡有資序與差遣性質的差別：有「非親民差遣」，而「宣命內理為親民資序」者；又有親民資序人被差遣監商稅者。【二】有資序與「實歷」的差別：由於差遣職任包羅萬象，不可能一一納入資序系列，不少職任要比照他職敘理，未曾「實歷」某職，卻可能理該資序；據上官均說，在京官員甚至三省人吏，有的始終未離京局而能「坐理」知州資任。【三】既然資序與「實歷」有別，朝廷覓人填闕時，有時會強調須選取曾經「實歷」某職者，於是又有了「理作實歷」與事實的差別：宋代公文中的「理作」，往往是指一種並非實情的比擬方式。例如，選人改京朝官後，按規定先須「作邑」，而南宋初雖未作邑而得堂除差遣（由宰相、執政辦公會議直接委任）者可以「理比實歷」；【三】結果資序理為「實歷」者中，仍有並未實歷該職任之人。至於資序的深淺與差遣高低的差別，就更為常見了，其中一部分，可以透過不同的差遣結銜反映出來。

宋代頭緒萬千、紛擾喧囂的官僚選任，自有其內在的秩序。縱則關陞、橫可比照的資序網絡，在其中起著重要的調節與制衡作用。

原載《北京大學學報（哲學社會科學版）》一九九三年第二期，略有修訂。

【一】《長編》卷一九一，嘉祐五年六月甲申，頁四六三〇；王栐撰、誠剛點校：《燕翼詒謀錄》卷五〈親民官監商稅〉（北京：中華書局，一九八一年），頁四七。

【二】《長編》卷三八六，元祐元年八月辛亥，頁九三九九。

【三】徐松輯，劉琳等校點：《宋會要輯稿．選舉》二三之一八（上海：上海古籍出版社，二〇一四年），頁五六九〇。

北宋文官磨勘制度初探

北宋時期，與帝制時期的選舉制度、職官制度、監察制度以及法律制度之逐漸成熟緊密相聯，與當時已高度發展的物質文明、精神文明以及各階層人士大量湧入仕途的狀況相適應，對於大批官僚的任用與管理，形成了一套日趨嚴密精細的制度。體現在官僚考核遷轉方面，則是產生了對中國近千年來政治制度具有影響的磨勘法。

近代以來，人們對於宋代選舉制度、官僚制度的研究日益重視；近年間，全面或從側面對磨勘制度進行研究的文章及專著日漸增多。本章也準備就有關磨勘制度的一些問題進行探討，以求教於方家。

一、磨勘制度的形成

（一）銓選制度中的「磨勘」與「磨勘法」

就本來含義講，「磨勘」指審核、推究；引申為審核、推究（特別是以勘驗簿曆文狀為主要手段）的一系列做法和程序，「磨勘」一詞用在考課、銓選制度上，初見於唐代中葉元和年間。這是與開元中「循資格」的施行密切相關的。

「循資格」是選格中的一項重要內容，它主要是關於依照停替參選的前任官之資序以及未曾任官（所謂「無前資」）的選人之出身年限注官的種種規定。後來人們常說的「資格」，便是從這裡衍生出來的。「循資格」行用後，「資」被正式肯定為銓選的依據，繼而產生了細密的科條，這是中國古代選舉制度史中的重大事件。此後，吏部考察官員的重心開始有了深刻的變化：與考課之法並行，出現了年勞之法、資格之法；通過勘驗文書來審查資歷、考校功過，逐漸成為所謂「銓衡」最主要的職責。

據《唐會要．甲庫》，元和八年（八一三年）吏部侍郎楊於陵奏疏曾說，「選人甲曆，磨勘漸稀」。【一】《冊府元龜．銓選．考課》載唐文宗大和元年（八二七年）正月敕：諸道節度、觀察使交接時，要「報中書門下據新舊狀磨勘聞奏，以憑殿最」。【二】五代時期類似材料更多，如《五代會要．考功》載，後唐天成元年（九二六年）十月，尚書考功條奏格例即說到「選曹磨勘」。【三】

宋太祖開寶初年，形式上沿用了唐代南曹檢勘、吏部擬官、門下覆核的做法，命令合格的選人到南曹、銓司、門下省三處去磨勘、注擬官職。太宗時，曾設立京朝官、幕職州縣官磨勘院，負責考課、黜陟官員。其後，磨勘院之名雖改，磨勘百官之實卻未變，隨著循資遞遷原則

【一】王溥：《唐會要》卷八一〈甲庫〉（上海：上海古籍出版社，二〇〇六年），頁一七九四。

【二】王欽若等編：《宋本冊府元龜》卷六三六〈銓選部．考課二〉（北京：中華書局，一九八九年），葉五a，頁二〇七五。

【三】王溥：《五代會要》卷一五（上海：上海古籍出版社，一九七八年），頁二四九。

的擴展，銓選中這套程序的作用大為提高。宋真宗在位時，進而全面實行了磨勘制度。

磨勘包括審核資歷，因此受循資原則的制約；磨勘不限於循資，還包括稽覈功過，它是在特定條件下、以特定方式進行的考課，因此在宋人記述中，磨勘往往與考課混稱。宋神宗曾說：「磨勘者，古考績之法。」【一】又如，《宋會要輯稿》（以下簡稱《會要》）中有兩處記載了同一事件，卻在一處使用「磨勘」，另一處使用「考較」。如《會要》職官一一之一：「景德四年七月，詔審官院磨勘京朝官勞績，並限在任官三年已上者，方得引對。」【二】同書，職官一一之六：「景德四年七月四日，詔審官〔院〕考較京朝官課績，見任官三年已上者，方得引對。」【三】然而，從一般意義上講，宋代的磨勘絕不等於考課。二者之混稱，並不表明「磨勘」就是考察官吏績效，而祇說明北宋的「考課」已經被勘驗簿曆的做法所取代。考課制度日益公文化、程式化，這是宋代特有的現象。

從廣義上說，「磨勘」既可以用於財務覆覈，亦可以表示考課方式；而作為專門用語的「磨勘法」，則有其特定的含義，它是與官秩遷轉（選人改官、京朝官遷秩）聯繫在一起的，既包括對於官員本人出身、資歷、政績的考核，又包括對於舉主、三代等一系列條件的查驗。

磨勘法是中國歷史上曾經實行過的「考功課吏」與「依資序遷」這兩種做法互相矛盾、互相作用的產物，它所奉行的原則是限年校功、循階進秩，【四】「率以法計其歷任歲月、功過而序遷之」。【五】也就是說，磨勘法是課績與年資的結合、歲月對功效的凌駕。

（二）宋真宗時期磨勘法的形成

磨勘法之正式形成，是在宋真宗咸平年間。宋初沿晚唐、五代弊政，逢郊泛階濫賞，特別自太宗以來，凡郊祀行慶，群臣率多進改，所造成的冗官冗費問題到此時已經開始引起朝野關注，士大夫們已在議論變更辦法；北宋初期對於官僚品階制度有所整頓，亟需加強對於階秩敘遷的管理，使之規範化；更重要的是，趙宋統治穩定之後，與考課形式一成不變形成對照，資格之法日漸完善，二者的結合成為該時期銓選必循的規程。這一切，使得磨勘制度的出現有了可能，亦成為必要。

磨勘法出現的標誌，是始於咸平四年（一〇〇一年）四月的磨勘引對京朝官。《長編》記載道：「審官院初引對京朝官於崇政殿，（選）〔遷〕秩有差。京朝官磨勘引對自此始。上既用孫何、耿望等議，罷郊祀進改，乃命審官院考其課績優劣，臨軒黜陟之。」【六】

【一】《長編》卷三〇八，元豐年九月乙亥，頁七四八四。

【二】徐松輯，劉琳等校點：《宋會要輯稿．職官》一一之一（上海：上海古籍出版社，二〇一四年），頁三三〇四。

【三】《宋會要輯稿．職官》一一之六，頁三三〇九。

【四】蘇頌：《蘇魏公集》卷二四〈承制以上磨勘詞〉（北京：中華書局，一九八八年），頁五〇五。

【五】脱脱等：《宋史》卷一六三〈職官三〉（北京：中華書局，一九八五年），頁三八四〇。

【六】《長編》卷四八，咸平四年四月壬子，頁一〇五七。

幕職州縣官通過磨勘引對改合入京朝官的制度，大約出現於嗣後的大中祥符年間。據《會要．選舉》大中祥符七年（一〇一四年）四月條載：「中書門下言：『文武臣僚年終舉到幕職州縣官，今欲定五人以上同罪保舉者，替日令吏部流內銓磨勘引對。』從之。」【一】次年二月申明祥符三年規定，被奏舉之幕職州縣官需具備六考，方得磨勘引見。【二】天禧三年（一〇一九年）重申祥符七年之制，【三】以後即固定下來。

磨勘法的提出，是對北宋建國以來官秩遷轉制度的一次總結。磨勘法出現之後，囊括了對官吏考績、資格的全部檢覆工作，並與轉官結下不解之緣，逐漸變成晉陞官吏的最主要途徑。

咸平四年（一〇〇一年）以後，儘管郊恩遷秩的做法被明文廢止，而最大限度地維護官僚階層既得利益的原則卻未被排斥，反而在施行中滲透進了磨勘法。在這方面，宋真宗天禧元年（一〇一七年）二月壬午詔書是有代表性的：「京朝官改秩至今年正月十一日郊禮及三歲，不限中外守職，但非犯入已贓，令審官院考課以聞，當議遷秩。」【四】《會要》職官一一之七對此有所說明：「帝以昨經大禮，加恩止於勳散爵邑，故優其歲滿及犯輕者，令考覆之。」【五】這真是失之東隅，收之桑榆，所謂「考課」、「考覆」顯然不過是「遷秩」的階梯。南宋山堂先生章如愚灼知其弊，批評此詔說，「於是黜陟之法廢矣」。【六】

北宋時期，這類詔文和措置辦法不勝枚舉。僅在真宗年間，對於三館、計司等特殊部門，久次不遷的部分官員，對於曾有過犯未能轉官者，陸續頒佈了不同的優待條件，給予磨勘遷轉的機會。【七】這種優寵百官的原則，無疑大大加劇了官吏冗濫的弊端。

二、磨勘制度的確立

磨勘法實行後，磨勘與轉官直接相關，成為官僚仕宦生涯中的大事，磨勘年限亦隨之成為官員們所最關心的問題。真宗朝對此進行了多次調整、補充，內外京朝官凡轉官及三週年者都可以磨勘的辦法基本上確定下來。《會要．職官》載，景德四年（一〇〇七年）「詔審官院：『磨

【一】《宋會要輯稿．選舉》二七之一三，頁五七七五。

【二】《宋會要輯稿．職官》一一之七，頁三三〇九。

【三】《宋會要輯稿．選舉》二七之一七，頁五七七七。

【四】《長編》卷八九，天禧元年二月壬午，頁二〇四二。

【五】《宋會要輯稿．職官》一一之七，頁三三一〇。

【六】章汝愚輯：《山堂先生群書考索．後集》卷一五〈官制門．考課類〉，《中華再造善本》影印元延祐七年圓沙書院刻本（北京：北京圖書館出版社，二〇〇六年），葉三六a。

【七】《長編》卷五二，咸平五年八月庚辰，頁一一四八；《宋會要輯稿．職官》一一之六、七，頁三三〇八—三三一〇。

勘京朝官勞績，並限在任官三年以上者方得引對，未及者依例差使。如特令考校、引對者，不在此限。』初，審官院除在任不理及非時解替外，不限改官月日考績引對，至是始定年限。」【一】大中祥符八年（一〇一五年）正月、次年九月，進而規定，外任京朝官凡轉官及三週年者，不必代還到闕，亦可磨勘。仁宗時大致相沿未變，祇是補充規定大兩省以上四年磨勘，京朝官代還時轉官未及三年者，亦候四週年與磨勘。與上述過程大致同時，自真宗天禧初至仁宗天聖中，武臣磨勘之制也漸次形成。【二】這就是范仲淹等人所說的，「今文資三年一遷，武職五年一遷，謂之磨勘」。【三】

宋代幕職州縣官之磨勘改官與京朝官之磨勘遷秩分屬不同職能部門負責，施行辦法亦多有不同。南宋《吏部條法》把它們分別歸入〈改官〉、〈磨勘〉兩門。後者磨勘年限以轉官月日為標準，而前者磨勘改官時則要看在任考數。這主要是因為，幕職州縣官之「官」與「差遣」的分離，尚不似京朝官那樣徹底。仁宗時，幕職州縣官磨勘改官，一般須及六考，加以舉主數足等條件，即可由銓司磨勘、引對。【四】

磨勘遷轉制度確立的主要標誌，是基本獨立於差遣任期的磨勘年限（即官秩遷轉年限）之確定。這大約經過了咸平至天聖三十餘年的時間。此後，百官依年序進，對於官員「勞效」的審查，被「年資」的衡量所排斥。宋廷事實上全面恢復了曾被太祖罷斥的歲月序遷之制，而放棄了任滿考核、依差遣任內表現轉官的做法。「一無勤效，例蒙遷改」，【五】考課的原則被徹底扭曲了。

伴隨這一定制而來的，是官秩改轉和差遣陞遷的分離固定化。「官」與「差遣」的分離，是趙宋開國以來在加強中央集權的過程中逐漸形成的。差遣的變更比較靈活，而作為「本官」、「正官」的官秩則不同，它是決定官員基本俸祿、反映官員社會地位尊卑的基準，客觀上需要相對穩定。以前，京朝官代還，無殿累者即可磨勘，不限改官月日，多得進秩。或代還者遷秩未久，又蒙進改；或外任者轉官多年，不得調歸，例不獲遷。顯然，在當時，官秩的遷轉是有賴於差遣之任調的。磨勘年限確定以後，不候代還京師，不限在職月日，本官秩滿即遷。這種做法，便於保證官員的地位、待遇隨其官秩而循序漸進，鼓勵更多的官員安於外任。於是，相對穩定的本官敘遷之制自成系統而獨立於職務與任期之外，與差遣的仟罷不再發生直接關係。

【一】《宋會要輯稿．職官》一一之一，頁三三〇四。

【二】參見《宋會要輯稿．職官》一一之七——一二，頁三三〇九——三三一五。

【三】范仲淹：《范文正公政府奏議》卷上〈答手詔條陳十事〉，范能濬編集，薛正興校點：《范仲淹全集》（南京：鳳凰出版社，二〇〇四年），頁四七四。

【四】《宋會要輯稿．職官》一一之一二，頁三三一五。

【五】《范文正公政府奏議》卷上〈答手詔條陳十事〉，《范仲淹全集》，頁四七五。

磨勘轉官、注授差遣，二者各為體制，似乎更複雜了；其實，在官、職、差遣分離的宋代，這種分離也是正常的。它在維護人事等級秩序的同時，保證了官員的差遣職任與其級別相對獨立，使聯繫等級與職任的紐帶趨於鬆弛，這是中國古代官僚制度史上的一個進步。但是，它不以官員任內表現出的德能勤績為晉陞階秩的依據，不利於官員奮勵事功。而正是在這一分離的基礎上，因為本官階的敘遷已經獨立出來，纔合乎邏輯地產生了元豐時期的寄祿官階制度。

當然，即便在發生了這種明確的分離之後，官秩的敘遷與官員的差遣仍然不是絕對隔離的，磨勘轉官的時間也不是恒定的。差遣職務清顯要劇、差選任內績效突出，都可以提前轉官，或在轉官時獲得優遷。反之，特詔舉薦及注授差遣時，對被擬人的官階，亦往往有所要求。有些條文更明確規定，減磨勘年可換堂除差遣；【一】繁難之闕，任滿可減磨勘年。【二】

磨勘的目的是改轉，即敘遷官秩。磨勘的結果，是有司類能擬定、帝王臨軒黜陟時最富權威的依據。文臣敘遷之制，始成於宋太宗淳化年間，真宗、仁宗期間則由於磨勘年限的確定而規範化、制度化了。【三】選人磨勘轉京朝官的制度，也大約在這一階段中基本定型。

始於咸平年間的磨勘法，四十年後受到了「慶曆新政」的批判。新政的倡導者們主張把京朝官磨勘年限與差遣任期統一起來，任事三年方得磨勘；且要求明定考績條件，嚴格保任之法，希望把磨勘的重點轉至責求治事實效方面，以「使天下政事無不舉」。【四】這是宋代歷史上對於磨勘制度唯一的一次正面、直接的衝擊。而正是由於「任子恩薄，磨勘法密，僥倖者不便」【五】使新政遭到大批既得權勢者的強烈反對而終至失敗。

宋英宗治平三年（一〇六六年），朝廷患官冗之弊，採納臣僚建議，改為京朝官四年磨勘，待制以上六年（可以一次「遷兩官」，實際上是超資轉），並且定立了「止法」，對磨勘制度進行了局部調整。【六】北宋中期以後，普通文職京朝官四年磨勘轉遷的制度一直沿用下來。與此同時，對於不同身分、等級的官僚磨勘轉遷的細則以及減、展磨勘年限的規定陸續制訂、補充，磨勘制度逐漸詳備了。

【一】《宋會要輯稿·職官》一一之一九，頁三三二三。

【二】《長編》卷二七二，熙寧九年正月庚辰，頁六六六四。

【三】參見《宋史》卷一五八〈選舉四〉、卷一六九〈職官九〉，頁三六九九—三七〇一、四〇二三—四〇二九；《長編》卷四三五，元祐四年十一月庚午條引《兩朝國史·職官志》，頁一〇四七五—一〇四七七。這些材料歧互、訛誤之處很多，容專文另考。

【四】《范文正公政府奏議》卷上〈再進前所陳十事〉，《范仲淹全集》，頁四八七；《長編》卷一四四，慶曆三年十月壬戌詔，頁三四八五。

【五】《長編》卷一五〇，慶曆四年六月壬子，頁三六三七。

【六】佚名編，司義祖整理：《宋大詔令集》卷一六二〈定磨勘年限詔〉（北京：中華書局，一九六二年），頁六一六；《宋會要輯稿·職官》一一之一五，頁三三一九—三三二〇；《長編》卷三〇八，元豐三年九月乙亥，頁七四八三—七四八四。

三、磨勘制度的主要內容

（一）磨勘法的主要環節

對於宋代磨勘法的環節之多，條款之細，簿曆之繁，涉及方面之廣，以及它在銓選中的實際作用之大，必須做出充分的估計。

磨勘法主要由「磨勘」和「引對」兩組程序組成。

首先是由有關部門負責的磨勘。

磨勘的對象主要是中下層京朝官和改京朝官的吏部銓選人。對於較高級別官僚的轉遷另有特殊辦法，不受常規磨勘法限制。

對內外京朝官的磨勘由審官院主持。對幕職州縣官而言，「磨勘」特指其改官之際必經的審核。他們於吏部南曹投入文狀，南曹勘會其簿書，然後由流內銓決定改合入京朝官。武職小使臣由三班院、大使臣歸樞密院負責。元豐五年（一〇八二年）後，上述職任皆歸吏部四選（吏部尚書左、右選，侍郎左、右選）。

嘉祐以前，常調京朝官之磨勘，需要自已投交文狀，提出申請；其後則不許本人陳乞，而由主管部門檢尋轉官案簿，照規定進行磨勘。但是，由於有司職事繁冗，常有磨勘失時的情況。

就吏部選人來說，磨勘改官是其仕宦陞進途中的一大關卡。對此，政府有許多限制。太宗時曾經規定，赴流內銓的吏部選人需要十人結為一保，互相糾覈，有行止逾違者，同保連坐；【一】至南曹納「解」投「牒」時，要求有一名京朝官「為識」。【二】磨勘法正式形成後，幕職州縣官改京朝官的條件仍然比較嚴苛。

北宋時，被磨勘者必須文狀齊備，有司纔予接受並負責勘驗。這些文狀之中，主要包括：

1. 解狀（又稱「解由」）。諸州根據選格規定的條件，或銓司發出的放罷文牒，以及應格官吏本人的申請，付給選人解發赴闕的證明文狀。

2. 舉狀。舉主撰寫的薦舉書。其中一般需要說明被舉人的資任、能力等。

3. 家狀。包括本貫（並以朱書寫明所寄居的州府）、三代、出身、歷任有無違闕等內容，平時存檔備案，以供查閱。

4. 考狀。其主要內容應係朝廷下發的御前印紙或南曹曆子，即功過登記單一類的呈報表格。官員在任期間，由路分、州府長官負責填寫，並書寫考辭、評定考第。其中治績尤

【一】《長編》卷二三，太平興國七年九月甲寅，頁五二七—五二八。

【二】《宋會要輯稿．選舉》二四之九，頁五七〇一。

著或貪懦敗事者，更有按察官員呈入之黜陟狀。【一】

有司接受文狀并檢索到存檔案簿以後，主要進行審核、勘驗工作，逐一復查，不僅檢查字面上是否圓滿、合乎格式，且需移牒會問他司，稽尋有無違礙、疏舛紕漏、虛妄不實之處，發現謬誤，隨即駁下。按照規定，「大節圓」（或雖有不圓，卻有照驗文字）即可以放行。【二】儘管條令如此，而因銓格繁縟紛委、衝替不常，主事胥吏往往得以在覆核環節中吹毛求疵、滯留文狀，邀求賄賂。

在諸類簿曆之中，有司核查的重點內容是資格、課績與舉主。

第一，對於資格的審核。京朝官磨勘敘遷，主要視其原有官秩、出身途徑、距前次轉官之年限；其資序是否「清要」，亦在考慮之列。而對於幕職州縣官，對其資格（主要包括職任、考數與任數）的審核則尤為峻刻。他們改官雖然有多種途徑，但其多數是憑藉資考和舉薦，通過常規磨勘而躋身於京朝官行列的。據《長編》所載北宋熙寧四年（一〇七一年）修定的「選人磨勘并酬獎致仕改官條制」，【三】以及《宋史．職官志》所載「吏部流內銓諸色入流及循資磨勘選格」，【四】在選人磨勘時，除去出身、舉主等因素外，最關鍵的是其資格，是依其原有階次、考任數等條件決定應轉入何等官階。累積考任數多者，可減舉主人數。

正因為考任數有著特殊的重要性，宋代銓曹條例中，對於理考、理任的規定嚴格細緻。一般說來，任及兩考成資、不因罪犯替罷者，聽理為任。【五】此外，對哪些情況不理資任、何類移易可以「通理」等等，都有明文規定。真宗以來，在磨勘法的施行中，「酬久次」的原則一直發生效用。仁宗明道改元赦書中進而規定，選人及十二考、歷任無贓罪，並許磨勘引見。【六】《元憲集·外制》中收有多篇「十二考人」（原幕職州縣官）改官的制詞，即是這一赦文的實際體現。【七】景祐二年（一〇三五年）宋廷接受了殿中侍御史裏行高若訥的意見，改為參照任內表現及奏舉狀況施行。【八】

【一】《宋史》卷一六〇〈選舉六〉，頁三七五八；包拯撰，楊國宜校注：《包拯集校注》卷三〈請令審官院以黜陟狀定差遣先後〉（合肥：黃山書社，一九九九年），頁二二四—二二五。

【二】《長編》卷三七五，元祐元年四月丙申，頁九〇八五。佚名編，劉篤才點校：《吏部條法·磨勘門·文武臣通用·尚書考功令》，《中國珍稀法律典籍續編》第二冊（哈爾濱：黑龍江人民出版社，二〇〇二年），頁三三九。

【三】《長編》卷二二二，熙寧四年四月壬午，頁五四一二。

【四】《宋史》卷一二二〈職官九〉，頁四〇三九。

【五】《宋會要輯稿·職官》一〇之二一，頁三二九〇；《吏部條法·考任門·文武臣通用·尚書侍郎左右選考功通用令》，《中國珍稀法律典籍續編》第二冊，頁一九七。

【六】《長編》卷一一一，明道元年十一月甲戌，頁二五九一。

【七】宋庠：《元憲集》卷一〇—二六〈外制〉，《景印文淵閣四庫全書》第一〇八七冊（臺北：臺灣商務印書館，一九八六年），頁五五三—六〇九。

【八】《長編》卷一一六，景祐二年正月甲午，頁二七一七。

第二，對於課績的審核。這主要是點勘考課文狀。主司查照本路、本州的登錄資料（吏部考功司所掌握的地方官員課績材料如「考帳」等，亦一併送銓），進行審驗。如考定知州、通判、監臨物務京朝官的功過，需向中央財務機構瞭解該員主管地區、部門之歲課增虧數額；係州縣長吏、司理、司法官，則需移牒刑法機構，瞭解該員斷獄有無冤濫等。對所有被磨勘者，照例要會問刑部、大理，查明本人任內有無負犯。歷任內有負犯者，需要增加舉主和考數。印紙、曆子（類似於履職任事記錄簿）書寫不實，要追究責任；考第、考辭畸高畸低，要予以駁正。不過，由於主司多是據地方考課結果再議，而很少接觸實際，所以駁正的情況寥寥。

第三，對於舉主條件的審核。宋代十分重視薦舉保任制度。統治者把「擇舉主於未用之先，責舉主於已用之後」【一】作為防範弊端的一種手段，希望以這種方式來彌補單憑資格之不足。慶曆年間，朝廷曾採納范仲淹等人的建議，要求朝官磨勘遷員外郎以上，須由清望官五人保引，但甫行即止。不過，在選注內外百官擔任要切差遣時，卻是「無大小盡用保舉之法」的。【二】相比之下，選人磨勘改官時，舉主問題更形重要。

當時所謂「舉主應格」，一是舉主數合格：北宋時，幕職州縣官改合入京朝官，一般需要五名舉主，若不足，則需增加年考；二是舉主的身分合格：一般應是京官，其中須有「職司」（指路級監司或專使）一員。主司磨勘時，不僅要審驗上述方面，而且要一一檢核舉主的資格與功過：例如他的資序，現任差遣，與被舉者有無統攝關係（北宋規定舉主應保薦本部所轄官員，而京朝官知縣者不能保舉所統攝州府的幕職官），舉主本人有無負犯記錄，是否曾黜降差遣，等等，都要落實備案，必要時甚至牒問他司。

在宋代，除常規保舉之外，朝廷還隨時根據需要頒佈詔令，指定具備一定資格的官員奏薦可以改轉官階或充當某種差遣的人。而無論哪種薦舉形式，都必須在朝廷限定的範圍之內加以選擇。這種限制，主要是針對被舉者的資任、考績提出的要求。進呈舉狀時，要同時進呈被舉人的考第、歷任；所舉不符合要求，要對舉主加以懲處。

宋人文集中，收有不少舉狀。例如，歐陽脩奉使河北期間，曾具劄子保薦權兗州掌書記龔鼎臣，除稱道該官的詞學、吏術之外，著重提出了他的考數、考第和舉主問題，請求朝廷准予改轉京官，除注簽判或知縣差遣。【三】

通過了以上層關迭隘，並由主司根據規定初擬合入官階之後，即可等待依次輪到自己面見帝王，聽候黜陟。由於改官人常多而引見數目有限，投狀磨勘之後的這一「待次」過程往往為時甚長。

【一】黃履翁編：《新箋決科古今源流至論．別集》卷七〈舉主〉，《中華再造善本》影印元延祐四年圓沙書院刻本（北京：北京圖書館出版社，二〇〇五年），葉六a。

【二】歐陽脩著：《論兩制以上罷舉轉運使副省府推判官等狀》，李逸安點校：《歐陽脩全集》卷一〇七〈奏議〉卷一一（北京：中華書局，二〇〇一年），頁一六二三。

【三】〈舉官劄子〉，《歐陽脩全集》卷一一七〈河北奉使奏草〉卷上，頁一七八二。

「待次」之後，便進入下一組程序：「引見」。

引見選人及京朝官的制度，發端於太祖時期【一】。當時引對的重點，是流內銓選人入令錄及改京朝官者。太宗注意吏治的修飭，「雖九品之賤，一命之微」亦引對於便殿。【二】真宗行磨勘法，臨軒黜陟京朝官，並仍太宗舊法，引對各色選人。天禧四年（一○二○年），應有司之請，未經歷任、無所陞降，及入官資序已定、未至令錄者，不再引對，而由所司依敕注擬。【三】北宋中期以後，引見的主要對象是磨勘改官的選人。被磨勘的京朝官，在京者原須引見，外任者則入狀即可；嘉祐之後，京朝官磨勘轉官者概不引見【四】。

引對之前，有司將被引者依類分為甲次。例如，真宗時，京朝官與選人分別為甲；同係京朝官，磨勘遷秩者與注授差遣者分別為甲，等等。【五】北宋時期，引對的頻率和每甲被引的人數曾多所改變，但同一階段內，則大體上穩定。以神宗朝為例，選人改官，初期沿舊制，滿十人纔引見，因判銓王益柔請，改為五日一引，每甲二人；熙寧四年，因選人留滯者多，增為每甲四人，元豐時，仍五日一引，每甲三人，每年改官者一般不超過一百四十人。【六】

被引對的選人，依其甲次，屆時由判銓（或負責左選的吏部侍郎）一人導引入見。一度選人需齎所試以備奏御；判銓人呈上舉狀、腳色【七】等文狀，讀奏；有時皇帝親自發問，根據銓司經過勘驗、預先呈進的選人歷任功過狀以及應對情況，決定改官與否。

引見磨勘改轉的官員，視其功狀、聽其談吐，這是君主瞭解下情的一種途徑，也是顯示

「人主之權」「恩威己出」，以收攬人心的方式之一。

北宋時期，再無所謂「世族政治」，最高統治者甚至著意扶植躋身於仕宦的下層士人，而對上層官僚及其子弟的相互攀援稍示抑制。朝野人士對這種做法備加稱道。仁宗朝曾駁回流內銓所引、薦狀多達一二十件的李師錫（使相王德用甥婿）、陳琪（前宰相龐籍女婿）、胡宗堯（翰林學士胡宿子），不予改官，止與循資；熙寧間，神宗亦有類似舉措。與此相應，祥符時，判銓陳堯諮為「孤寒之士」陳報功狀，真宗特為陞擢；天聖年間，書考多、無過犯卻無舉主的

【一】《長編》卷六乾德三年五月辛未、卷一三開寶五年十二月甲寅、卷一四開寶六年八月，頁一五三、二九二、三〇七；王禹偁：〈應詔言事〉，呂祖謙編，齊治平點校：《宋文鑒》卷四二（北京：中華書局，一九九二年），頁六三三—六三四。

【二】錢若水修，范學輝校注：《宋太宗實錄校注》卷二六，太平興國八年八月丁酉（北京：中華書局，二〇一二年），頁三三五；田錫撰，羅國威點校：《咸平集》卷一〈上太宗條奏事宜〉（成都：巴蜀書社，二〇〇八年），頁一五。

【三】《長編》卷九五，天禧四年正月乙丑，頁二一七八；卷九五，天禧四年十月戊戌，頁二二二〇—二二二一。

【四】《長編》卷一九〇，嘉祐四年九月丁未，頁四五九二—四五九三；《宋會要輯稿·職官》一一之一九，頁三三二三。

【五】《長編》卷六六，景德四年八月辛丑，頁一四七九；《宋會要輯稿·選舉》二四之一〇，頁五七〇二。

【六】《宋會要輯稿·選舉》二四之一二、一四，頁五七〇四、五七〇六。

【七】《朝野類要》卷三〈入仕〉「腳色」：「初入仕，必具鄉貫、戶頭、三代名銜、家口、年齒、出身、履歷；若注授、轉官，則又加舉主、有無過犯。」趙升編，王瑞來點校：《朝野類要》（北京：中華書局，二〇〇七年），頁六七。

選人王得說、賈積善，也在引對時被特擢為京官。【二】

（二）元豐年間對於磨勘法的調整

元豐三年（一〇八〇年）「以階易官」，文臣階秩以及與之密切相關的磨勘敘遷制度有了顯著的變化。在治平三年局部調整磨勘制度的基礎上，元豐改制後，京朝官參加磨勘（此處指非特旨之循序轉遷）者的範圍有所擴大。繼三年九月公佈《寄祿新格》之後，十二月進而規定：寄祿官承務郎（京官最低級）以上四年磨勘，有出身超資轉、無出身逐資轉，可遷至朝請大夫；朝議大夫為一關卡，限額七十員，有闕纔能次補；自朝議大夫階至銀青光祿大夫，進士八年磨勘，餘人十年（按：朝議大夫階相當於原少卿監，治平三年曾規定「少卿監以上更不磨勘，取旨轉官」）；其中，朝官通直郎以上如果充當大兩省、待制以上的職任，可以三年一磨勘，轉至太中大夫。【三】

元豐年間對於寄祿階制度的改革，是在全面保留磨勘敘遷之法的前提下做出的較大幅度調整。變更的主要點，一是擴大了磨勘的範圍，提高了各類官員通過磨勘平步遞陞可達之最高階次；二是對不同類別的臣僚規定了不同的磨勘年限；三是減少了磨勘敘遷途中需經的階次，儘管神宗曾表示「禁近獨超轉，非法也」，因而侍從官亦須一一經過朝議、中散、中大夫三階（原卿監官，前此兩制轉官時可以徑直越過），但是，從整體上講，自以往四十餘階減至二十五階，【三】出現了「昔之官品難於進，今之階秩易為高」【四】的狀況，導致哲宗、徽宗時期增設階次等措置。調整以後的磨勘敘遷之法，較前簡化、系統，愈臻完善，在銓選制度中的作用更為重要了。然而，宋神宗本來希望使磨勘成為名副其實的「考績之法」，督勵上下百官兢惕不息，這一主觀願望卻遠遠未能實現。

神宗去世後，待制以上敘遷，復歸中書擬進。哲宗元祐以後又有所變化，諸如增立寄祿階位次、降低常規磨勘的「止階」以及再次調整了磨勘年限，等等。

（三）減、展磨勘年及其他

與確定磨勘年限相關的，是減磨勘年與展磨勘年。唐、五代乃至宋初，官僚功優者減選，負

【一】《長編》卷七九，大中祥符五年十月丁巳，頁一七九七；卷一〇二，天聖二年正月戊申，頁二三四九。

【二】《長編》卷三〇八，元豐三年九月乙亥，頁七四八三—七四八四；卷三一〇，元豐三年十二月甲子，頁七五二三；《宋史》卷一六三〈職官三〉，頁三八三九。

【三】《宋史》卷一六九〈職官九〉，頁四〇五一—四〇五四；《宋會要輯稿·職官》五六之二，頁四五二七—四五二八。

【四】畢仲游：〈上哲宗論官制之失蔭補之濫〉，趙汝愚編，北京大學中古史研究中心點校：《宋朝諸臣奏議》卷六九（上海：上海古籍出版社，一九九九年），頁七五五七。

犯者殿選，替罷後守選待任時間的長短，直接牽涉到大批官僚的實際利益。宋代京朝官一般不再守選，磨勘法施行以後，官運是否亨通，主要取決於是否能依年限順利通過一次次的磨勘。因此，作為獎賞、懲罰的手段之一，朝廷規定：有勞績減年（提前）磨勘，有過犯展年（推遲）磨勘。對選人，除「減選」、「殿選」外，也採用類似辦法，提前或推遲磨勘改京朝官的期限。

減、展磨勘期限，視其功過等第，時間自一季至四年，長短不同。值得注意的是減磨勘年的收使方法。如距原定應磨勘之歲尚遠，提前一、二年磨勘自無問題；可是，如果已經臨近磨勘轉官之時，或所蒙獎賞優厚，則會「無年可減」。這裡涉及到收使「減年」的方法問題。一般說來，除可陳請「存留收使」外，多採取與資任、官階「比類」「準折」的辦法。【二】北宋中期既規定京朝官四年磨勘轉遷，遂大都以「減四年磨勘」折一官。【三】

宋代史籍中，在述及褒獎或覃恩時，常常可以看到「隔磨勘」或「不隔磨勘」的記載。隔磨勘，是指此次雖係特恩遷官，但理磨勘亦自本次經恩後受官告之日為始。這樣做，不問距官員前次轉官時間長短，下次轉官計日的起點卻是一樣的。其結果是，就官僚個人而言，那些已屆磨勘之年者，認為自己前功盡棄，不滿意；而對磨勘機構來說，如果因某日大禮，特詔百官磨勘遷秩，則數年之後，又當同時磨勘，行遣公事十分困難。

例如，據《長編》卷一九〇，至和三年（一〇五六年）九月改元嘉祐，大赦，加恩百官而隔磨勘；到嘉祐四年（一〇五九年）九月，京朝官同時歲滿，皆應磨勘，致有以下奏請：「審官院言：『應京朝官磨勘，在京者例須引見。今冬及來春京朝官磨勘年限俱滿，乞依外任人例，更不引見。』從之。先是，明堂覃恩，內外官同時改轉，自是每及三年則同時歲滿故也。」【三】

熙寧以後，文武臣僚特遷官者一般不隔磨勘，即此次特令轉官，不影響官員依其原定磨勘期限再次磨勘遷轉。【四】

（四）磨勘的實質內容及其在宋代銓選中的地位

透過前述繁複的磨勘步驟和重疊手續，我們可以清楚地看到：

第一，有司磨勘的實質內容在於資格與考績，特別是前者。

注重資歷，依序陞遷，使人不絕仕進之望，有利於籠絡并穩定官僚隊伍；為保證宋王朝的長治久安，又必須查驗官員的治事能力與效果，對官僚集團有所整飭。這種政治需要，決定磨

【一】《宋會要輯稿．職官》一一之一八，頁三三二二；《長編》卷四〇〇，元祐二年五月丁巳，頁九七四八；〈吏部條法．磨勘門〉，《中國珍稀法律典籍續編》第二冊，頁三四〇、三四一。

【二】李心傳撰，徐規點校：《建炎以來朝野雜記》甲集卷一二〈減年對實歷磨勘〉（北京：中華書局，二〇〇〇年），頁二四四。

【三】《長編》卷一九〇，嘉祐四年九月丁未，頁四五九二—四五九三。

【四】王栐撰，誠剛點校：《燕翼詒謀錄》卷五〈特恩轉官不隔磨勘〉（北京：中華書局，一九八一年），頁五三。

勘的重點是兩者的結合。宋人有言：「國朝用人之法，一則曰舉主，二則曰舉主。」【二】薦舉在銓選中的地位不謂不重。然而，十分明顯，對於舉主的「擇」，主要是圍繞其資格進行的；「責」則是根據被舉者的功過與資考進行的。從朝廷指定舉主、限定被舉範圍，到舉主物色對象（甚至被舉者也「物色」舉主），乃至朝廷審批所舉之官，都脫離不了資格與考績的制約。可見，貫串於薦舉之法的核心、衡量所舉短長的尺度，仍然不外乎上述二者。

在高度集權制之下，負責磨勘工作的部門無法確切掌握眾多磨勘對象的「德行、才用、勞效」，查之有據的年資很容易被視為唯一可靠的陞遷憑證。這樣，一方面是不問治績造成的「猥進者多」，另一方面是苛求資格造成的人才壓抑、士風不振。

第二，磨勘法確立以後，出現了京朝官轉官程序簡化的趨勢。

京朝官磨勘年限確定後，依年敘遷，而基本上不必甄覆功過，亦毋需考慮舉主等因素；仁宗嘉祐以後，磨勘者個人不須投入申請文狀，前此外任不必到闕，嗣後在京者亦不引見。之所以有這種變化，主要是由於京朝官遷秩與改易差遣多不同時，檢驗其履歷、功過的工作，一整套磨勘手續，自然而然地置於對其更形重要的注授差遣之際進行。因而可以說，磨勘在銓選中的意義，實際上已經遠遠超出了「轉官」的範疇。

第三，「磨勘」地位空前上升，使得銓選職能部門的內部結構乃至權力重心發生深刻的變化。

唐代已有銓選「根本所繫，在於簿書」【二】之簿曆，宋代銓選的核心內容更集中於勘驗文狀，其結果舉足輕重，幾乎可以決定選人的命運。這使往昔的「南曹檢勘」有了極大的變化：銓選制度中所包括和涉及的各項工作的實質，各個部門的職能都離不開「磨勘」，流內銓無法滿足於南曹「判成」的間接資料，而直接涉足於檢勘事務，檢勘不再是南曹一司所能專攬、囊括的職責。這一事實本身，恰恰使南曹失去了其特殊作用，成為贅疣，終於導致熙寧年間乾脆被取消。【三】

另外，正如馬端臨在《文獻通考．自序》中所說：「自以銓曹署官，而所按者資格而已，於是勘籍小吏得以司陞沉之權。」【四】磨勘改官與注授差遣都是如此。科格瑣細，日衍一日；舊比新例，事增一事。「公文世界」成就了「公人世界」。儘管改官選人必須引見，但是，皇帝的予奪大權無形中亦受著銓司磨勘結果的影響。

中國歷史上，早就產生了「任賢勿貳」的思想。但是，在帝制社會中，不可能真正做到任人唯賢。有宋一代，很多有識之士曾經大聲疾呼，要求改革考核遷轉制度，而他們用以批判磨

【一】《新箋決科古今源流至論．別集》卷七〈舉主〉，第一九冊，葉六b—七a。
【二】《唐會要》卷八二〈甲庫〉，頁一五一四。
【三】《長編》卷二三五，熙寧五年七月，頁五七二〇。
【四】馬端臨：《文獻通考．自序》（北京：中華書局，二〇一一年），頁八。

勘制度的依據，不過是「祖宗之世無磨勘」。事實上，磨勘法是官僚政治特定條件下的必然產物，它是適應宋代統治者防範弊政、加強集權的政治需要而產生的。從磨勘法的實行中，也可以窺見歷史的進步：從整體上講，它奉行「資歷至上」的原則，試圖以此作為統一、恆定的標尺來裁取萬端，較之門閥士族政治下的選舉制度，體現著一種更為開放的趨勢。

在當時條件下，施行磨勘制度便於加強對中下層官僚的管理，使官階遷轉出現了比較平穩的秩序，統治者可以相對集中力量去處理現實社會中更為重要的官員「差遣」職務的陞降任免問題。但是，這一制度細密、僵化，注重文案而忽略實績，缺乏活力，從而使銓選制度固有的矛盾更為深刻了。

通過對於北宋文官磨勘制度的剖析，我們看到，當時的統治者對於「任人唯親」是有所防範的。然而，以案籍資歷作為衡量、選拔人才的標準，卻絕不能保證選賢任能。

制度與人才，是決定社會發展速度的重要問題。重資格而不注重治效，重舉主、履歷而不注重實際能力，把勘驗簿籍檔案作為考核的主要方式，這是官僚體制造成的痼疾。僵滯的官僚制度限制人才的培育，高度的中央集權束縛人才的發現，繁冗的磨勘方式壓抑人才的選拔。不從根本上解決制度問題，整個社會蘊含著的能量就無法充分發揮出來。

原載《歷史研究》一九八六年第六期，略有修訂。

宋代文官差遣除授制度研究

《宋史．職官志》總序部分在講到宋代設官分職之制時說：

> 臺、省、寺、監官，無定員，無專職，悉皆出入分涖庶務。故三省、六曹、二十四司類以他官主判，雖有正官，非別敕不治本司事，事之所寄，十亡二三。……其官人受授之別，則有官、有職、有差遣。官以寓祿秩、敘位著，職以待文學之選，而別為差遣以治內外之事。【一】

官、職、差遣之分離，是宋代官制的一大特色。對此，歷來毀譽紛紛。持貶抑態度者，北宋即不乏其人，「多以正名為請」；時至今日，學界仍在批評其零亂混淆、「古怪離奇」。持褒揚態度的，則有稱「宋官制最善」【二】者，如清末維新派人士康有為；有指出其「棄名取實」的靈活處置及其合理性者，如美國學者柯睿格（E. A. Kracke）、日本學者梅原郁等。【三】

這一分離，特別是標誌官員身分地位、決定基本待遇的階官與其擔任的實際職務之分離，絕非自宋方肇其端。從西漢「秩卑而命之尊，官小而權之重」【四】的刺史制度，到隋唐散官與職事官分立制度，乃至唐後期職事官「視職」與不視職、「占闕」與不占闕的區分，都體現著一種共通的精神。而即便在其千年之後，諸多現代國家所實行的文官制度中，亦有著品階與職位的區別。

北宋初期階官與差遣分離的固定化，本是君主集權條件下設官分職制度趨於成熟的表現，也是長時期漸變、調整的結果，而其最為直接的原因，則是晚唐五代亂離之中，「財賦不足以供賜而職官之賞興焉」【五】，原職事官隊伍的性質發生了深刻的變化。這迫使中央決策層另闢蹊徑，採取務實而不恤名的做法，另建有效能的治事系統。舊的職事官體制形式上依然存在，卻被抽取了「職事」，而僅僅成為文臣武官的陞遷之階；以往權宜臨時的「差遣」則形成為制度。

長期以來，導致人們困惑之感的並不是宋代階官與差遣之分離，而是分離後的階官沿用著前代的「職事」官稱。元豐改制，在調整、省併中央官僚機構的同時，通過「以階易官」（用大夫、郎等寄祿階名取代原用職事官稱），一定程度上改變了這種名實不侔的狀況，使官員定祿秩、序位著有了比較整齊劃一的新體系。宋代官、職、差遣各成系統，並不意味著彼此間斷

【一】脫脫等撰：《宋史》卷一六一〈職官志．總序〉（北京：中華書局，一九八五年），頁三七六八。

【二】康有為：《官制議》卷四〈宋官制最善〉，《康有為全集》第七集（北京：中國人民大學出版社，二〇〇七年），頁二五二。

【三】Kracke, Edward A. *Civil Service in Early Sung China, 960-1067: With Particular Emphasis on the Development of Controlled Sponsorship to Foster Administrative Responsibility*. Cambridge: Harvard University Press, 1953. 梅原郁：《宋代官僚制度研究》（京都：同朋舍，一九八五年）。

【四】顧炎武著，黃汝成集釋，欒保群、呂宗力點校：《日知錄集釋》卷九〈部刺史〉（上海：上海古籍出版社，二〇〇六年），頁五二八—五二九。

【五】陸贄：《陸贄集》卷一四〈又論進瓜果人擬官狀〉（北京：中華書局，二〇〇六年），頁四四八。

無關聯。在官僚管理體制中，三者制約影響、交互為用，而其中最為重要的，則是差遣體系。這一事實本身，即吸引人們關心宋代的差遣除授制度。

美國學者姜士彬（David Johnson）認為：「對於理解（古代）中國社會的變動性來說，沒有哪個題目比官員的選舉問題更加重要……對於那些渴求提高自身地位的人來說，沒有其他可供選擇的出路」【一】。儘管如郝若貝教授（Robert Hartwell）所說，北宋後期士大夫階層取向有所變化，出路亦較前拓寬了【二】，但總的講，在宋代，成千上萬士大夫目光的焦點，確實首先集中在科舉與銓選方面。而對於那些已經通過各種途徑入仕的人來說，對於國家的統治機能及治事效率來說，起著更直接作用的，則是官員的管理制度，尤其是委派職任的銓選方式。

這裡有一問題需要略加說明。宋代的差遣職務，大致分三類情形：一類一般由文資充任，一類主要由武資擔當，又一類則文武資皆有。官員不同的「資」，在當時雖然有區分職能的功用，卻主要是用以標誌不同身分的。以文資官主持軍政事務、以武資官負責地方行政的情況，屢見不鮮。因此，確定文職官員的範圍，不僅要看某人是否文資、文階，更要注意其實際職任與功能。【三】

宋代本官階的陞陟，一般通過磨勘敘遷。本章所討論的，主要是常調範圍內文職官員的差遣注擬，包括伴隨冗官問題產生的銓選中「員多闕少」的突出矛盾與相關對策，以及除授時掌握的標準及程序問題。

一、宋代的銓選機構以及常調官員的參選

宋代的兩府及侍從官，直接秉承皇帝的意旨除授，這批人大抵出身於進士高科，其遷除自有成例，上升速度很快，其中不乏年富力強之輩。宋代的百官庶僚往往以欣羨的目光注視著他們。此外，由朝廷除授差遣者，依本人身分高低、差遣職務清顯緊要程度，大致分屬中書門下或吏部四選進行注擬【四】。

首先，中書門下的「堂除」，即所「都堂奏差者」【五】。堂除有大致固定的闕次（職位），但範圍比較靈活。與堂除相關聯的，是「堂選」、「堂占」。堂選主要指原屬吏部的窠闕或原應吏部擬任的官員，歸由中書門下除注，「自知縣資序選充通判，自通判選充知州者，蓋朝廷

【一】David Johnson, *The medieval Chinese Oligarchy*, Boulder: Westview Press, 1977, p.19.

【二】參見 Robert Hartwell, "Demographic Political and Social Transformations of China,750-1550", *Harvard Journal of Asiatic Studies*, Vol.42, No.2 (Dec. 1982), pp.416.

【三】可參考 Winston W. Lo:「A New Perspective on the Sung Civil Service」, *Journal of Asian History*, V17(1983): pp.121-135.

【四】徐松輯，劉琳等校點：《宋會要輯稿・職官》三之三引《神宗正史・職官志》（上海：上海古籍出版社，二〇一四年），頁三〇二三；《宋史》卷一五八〈選舉四〉，頁三六九三。

【五】趙升著，王瑞來點校：《朝野類要》卷三「入仕・堂除」條（中華書局，二〇〇七年），頁六八。

獎拔人材，以備任使，謂之『堂選』」【一】，其中寓含著「不次用人」的意思。堂占則是由地位相對崇重、曾歷要職或受到褒賞應予堂除之人，占射中書門下所掌握的差遣職位，「在堂窠闕，皆是重地要藩，守貳選任不輕，士大夫亦以為榮。」【二】進士高第、制科中等、立有功勳殊績之人，常獲堂除機會。「經堂除者，號為『擢用』」【三】。曾由堂除人如果撥歸吏部擬授，可以優先除注：徽宗以前，為防範權臣「阿私」，宰執子弟一般不予堂除【四】。

堂除本來是為了使最高統治者能夠直接甄擢人材，以充當要劇任使，而事實上，除授中往往受到資格與成例的限制。景德元年（一〇〇四年）八月拜相的寇準，「在中書喜用寒畯」，拒絕依照同僚及胥吏提供的例簿除授，竟至被真宗認為是「以國家爵賞過求虛譽，無大臣體」，從而導致一年之後的罷相【五】。元豐年間，一度罷堂選、堂占，堂選闕次並歸有司；以勞得堂除者，減磨勘一年，選人許不依名次、路分占射差遣【六】。但重要闕次歸由堂除之制一直延續下來。

其次，寄祿官朝議大夫（元豐前少卿監）、職事官大理正以下常調京朝官一般歸吏部尚書左選（原審官院），自初任至幕職州縣官歸吏部侍郎左選（原流內銓）除授差遣【七】。

另外，自神宗時始，邊遠的川峽四路（益州路、梓州路、利州路、夔州路）、廣南東西路、福建路加以荊湖南路凡八路之罷任官員，可以由本路監司負責，就擬差遣，稱作「定差」【八】。

除以上類型外，宋代尚有一部分基層職位由本部長官奏辟僚屬，或臨時差人攝事，而不經選司擬任。有些情況下，出於治事需要或其他原因，某些官員任滿或臨時被替，並不赴闕，而由朝廷直接派往他處任職。稱作「就移」。不過，就常調官員的普遍情況而言，得替後需要依一定期限至主管部門參選。

自唐代以來，作為銓選制度中的特別用語，「選」，本來是指每年一度的選擇堪當職任者並加以委派的過程。開元年間，裴光庭為侍中，「以選人既無常限，或有出身二十餘年而不獲祿者，復作《循資格》，定為限域。凡官罷滿，以若干選而集，各有差等。卑官多選，高官少選……自下至上，限年躡級，不得踰越。」【九】這樣，就有了大致固定的「選數」或曰「選限」，

【一】《長編》卷二八九，元豐元年四月丁未，頁七〇六四。

【二】韓元吉：《南澗甲乙稿》卷九〈集議繁冗虛偽弊事狀〉，叢書集成初編排印本（北京：中華書局，一九八五年），頁一五三。

【三】韓元吉：《南澗甲乙稿》卷九〈集議繁冗虛偽弊事狀〉，叢書集成初編排印本，頁一五三。

【四】馬端臨：《文獻通考》卷三四〈選舉考七·任子〉（北京：中華書局，二〇一一年），頁一〇〇八。

【五】《長編》卷六二，景德三年二月丁酉，頁一三八九。

【六】《長編》卷三二〇，元豐四年十一月戊申，頁七七三〇。

【七】《宋會要輯稿·選舉》二三之一引《神宗正史·職官志》，頁五六七三。

【八】《宋史》卷一五九〈選舉五〉，頁三七二一。

【九】杜佑著，王文錦等點校：《通典》卷一五〈選舉三〉（北京：中華書局，一九八八年），頁三六一。

亦隨之產生了「減選」、「殿選」等賞罰名目。選限未至，即需守選；選數屆滿，即獲得了參選資格，可以到吏部等候委任。

宋代常調文官，分為常調京朝官與常調選人兩部分，他們構成了參選人群的主體。自初官至知州軍，凡由吏部依常規次第敘陞者，皆屬常調範圍。而大藩要府知州軍、被特擢「出常調」者以及地方部門所奏辟的官員，則不赴常調。趙宋建國之初，出於增重人事集權及籠絡士人的需要，曾規定「京官以上無選（按：指不必守候選數至銓曹參選），並中書門下特除」【一】。這種一概「特除」的局面並未維持多久，太宗時即將常調京朝官轉歸具體人事部門（京朝官差遣院以至審官院）負責；不過，他們照例不必守選。當時，按選限集中於銓曹的，僅餘四等七資的幕職州縣官，宋代所謂「選人」，主要就是指這一批人。他們的選限，自一選至十選，大不相同。決定這種差異的，主要是出身、官資及原任差遣閒劇等不同因素。不過，由於郊赦照例放選，一般至多祗守選三年。熙寧四年（一〇七一年）銓試之制確定以後，凡與試合格者皆可注擬，事實上取消了選人固定的守選期限。

宋代在部參選待擬者常逾千數，其類別很不相同。有一部分原屬「以理去官」、不因犯罪而解者，若得替、省員、廢州縣、被衝移及侍親、假故期滿或丁憂服闋者；又有一些是曾因過犯而受到免官、追官、除名等處分而又敘復者；也有由於功賞或課績高第等原因提前赴選的；但大量的是正常參部注授的常調官員。

二、宋代銓選中的「員」與「闕」

較之磨勘敘遷，差遣的除授要複雜得多。其關鍵區別在於：用來定俸祿、序位著的階官，一般沒有嚴格定員（儘管其中某些階次有所限制）；而除授差遣，不僅需要計資量勞，而且受到有限的窠闕之嚴格限制，必須尋討與官員條件相應的合入闕次。「員」與「闕」的矛盾，是銓司與參選人無法逾越的突出障礙。

作為銓選制度中的常用術語，「員」是指已經進入官僚隊伍，包括在吏部官員名籍之內、有資格根據自身條件被任命以不同差遣的大小官員；「闕」（「缺」）又名「窠闕」，則主要是指實際治事體系中的上下職位。因就職者正常離任、致仕或意外事故等，造成了有待填補的空缺職位，亦稱「闕」或「出闕」。在「官」與「差遣」分離開來的宋代職官結構中，差遣系統是由眾多的窠闕組合而成的；國家的統治與管理效能，是由除授了差遣、填充到職位上的官吏們執行實施的。顯然，要提高治事效率，必須綜合考慮官員勞績能力與職位本身的不同需要。二者之合理配置，應是銓選的主要目標。

員與闕的對應方案，是由一批批、一代代人事業務方面的行家裡手精心設計、反復修訂

【一】《宋會要輯稿．職官》一一之五六，頁三三四三。

的。僅就窠闕而言，就依其除授部門之不同，分為堂除闕（中書政事堂負責除授）、吏部闕（吏部尚書侍郎左右選注擬）。同一部門掌握的窠闕，亦有不同等類：依闕次規定的高下條件及注擬要求不同，分為注闕與選闕；依出闕年限之不同，分為成資闕（通常二年出闕）與年滿闕（一般三年或三十月出闕）。同一窠闕又按銓司張榜公佈日限之短長，定為非次、經使、破格、殘零及無入願就殘零闕。這種技術上精益求精的細緻區分，儘管頗具匠心，有諸多合理之處，卻不可能解決員額無限而窠闕有限的深刻矛盾。

「銓曹之患，員多闕少，注擬甚難。」【一】這一問題自南北朝以來即長期存在著，蘇軾在《課百官別·抑僥倖第二》中更進一步說：「國家近歲以來，吏多而闕少，率一官而三人共之：居者一人、去者一人而伺之者又一人」【二】，北宋中期以來趨於惡化的這種狀況，給人事部門造成了巨大的壓力。

北宋後期，政和三年（一一一三年）左右，吏部員數總計四萬三千餘，而吏部闕額一萬四千餘【三】；宣和元年（一一一九年），吏部四選官員總數達四萬八千餘，而五年之後四選闕額方至一萬六千【四】，即以五年中未增一員而論，員、闕總數仍為三與一之比。員額最多的吏部侍郎右選，宣和七年三萬一千八十二員，「舉天下內外窠闕凡七千八十六處」【五】。即使是「流品」較清、員數最少的吏部尚書左選，政和元年初，「都管朝議大夫以下至承務郎四千餘員，都管知州至監當闕共二千餘處，一人在任，一人待闕，方得均遍。」【六】員闕矛盾，一方面是由於常調官員總數多、任職窠闕總數少這一根本矛盾；另一方面，則是當時在部參選官員多而可擬之闕少的眼前矛盾。作為銓司日常事務所須調劑、應付的，主要是後者。受種種因素影響，在吏部等候差注的人數和四選當時公佈的闕額，時有變化，流動不常。僅據手頭三例而言，政和元年正月，尚書左選在部官共四百餘員，「兼日逐不住官員到部」，而當時所能公佈的窠闕，祇有七十餘處，經臨時多方措置，闕額增至二百有餘【七】。乾道五年（一一六九年）十月，侍郎左選待擬選人計五百餘員，所公佈之闕次共三百四十餘【八】。最稱「猥冗」的侍郎右選，在紹興二十八年（一一五八年）時有八百餘名等待除授差遣者，而公佈的親民、監當闕加在一起，不

【一】《宋史》卷一五八〈選舉四〉，頁三七一六。

【二】蘇軾著，孔凡禮點校：《蘇軾文集》卷八〈策別課百官二〉（北京：中華書局，一九八六年），頁二四四。

【三】楊仲良：《皇宋通鑑長編紀事本末》卷一二五〈官制〉，影印宛委別藏清抄本，《續修四庫全書》第三八七冊（上海：上海古籍出版社，二〇〇二年），頁三四二；黃以周等輯注：《續資治通鑑長編拾補》卷三一，政和二年九月癸未（北京：中華書局，二〇〇四年），頁一〇三九。《長編拾補》卷三一該條繫年恐有誤。

【四】《宋會要輯稿．職官》一之三五至三六，頁二九五八；同書選舉二三之一二，頁五六八三。

【五】《宋會要輯稿．選舉》二五之二三，頁五七四一。

【六】《宋會要輯稿．選舉》二三之七，頁五六七九。

【七】《宋會要輯稿．選舉》二三之七，頁五六七九。

【八】《宋會要輯稿．選舉》二四之二四，頁五七一七。

過二百一十九處【一】。

員數與闕額長期保持如此懸殊之差異，無疑是以階官與差遣的分離制度為前提的。討論「冗官」及「省官」問題，首先應該將在冊官員總數與在職官員總數加以區別。在宋代，這一差距在給銓選帶來巨大壓力的同時，事實上緩和了官冗狀況對整個社會造成的直接衝擊。正因為如此，「闕」的數額，成為人事部門控扼的重點。儘管「入流名品幾七八十數」【二】，增員速度很快，儘管闕額裁而復添，總數趨於上陞，而二者相較，大體上因事而設的窠闕仍屬相對穩定。這正像林駧所說：「雖曰『外有一官之缺，居者一人，去者一人，而伺之者又一人』，然居者一人而已，〔餘〕雖有官而未祿也。內有一官之缺，延頸望遷者眾……然得之者止於一人而已。是數人者，雖有欲得之心而無可得之地也。」【三】

宋代決策集團為處理員闕矛盾，採取著多種變通辦法，其主要對策，一是從總體上加強對於「員」的限制，節制入仕之源，峻其舉選條件。例如，減少科舉取士比例、裁抑恩蔭任子條件，並區別流品、恪守資格、銓試校考等等，以「苛文峻法，離合其薦員，增廣其年祀，梱絕其遷陞」【四】。

二是增設闕額，擴大安置。隨著統一國家的發展，管理事務日繁，闕額的調整本來勢不可免。不過，在當時，這種調整一定程度上是為了遷就日益增多的吏員，試圖縮小二者間過於懸殊的差額。王安石主持變法期間，為減少新法實施過程中的阻力，沙汰了一批執行新法不力的官員，另辟宮觀「差遣」，作為安置這些人的闕次。此後，新法雖廢而宮觀窠闕卻作為經久可行的優待、收容辦法被延續下來，而且數額日增。徽宗政和中，尚書省要求增置州縣曹掾闕額五百餘處，據蔡絛説，「其實患員多闕少」【五】。南宋時增闕現象更為嚴重。不僅自北宋已出現的「添差」大為普及，且更遞加名目，「高之為置使、為提領，卑之為主管、為監」【六】，一職而數人共之，無事亦置闕焉。

三是量縮任期，以早日「出闕」。宋代常調地方官的實際任期呈縮短趨勢，官員不能久任，成為影響治效的重要因素。在窠闕數額基本穩定的情況下，銓司希望量縮官員在任期限，例如有些職務由三年滿改為三十月滿，有些由任滿離任改為成資即替等，希望以此加速流動步率，

【一】《宋會要輯稿．選舉》二五之二六，頁五七四四。

【二】《長編》卷四一七，元祐三年十一月乙丑，頁一〇一二九。

【三】林駉：《新箋決科古今源流至論．後集》卷五〈省官〉，《中華再造善本》影印元延祐四年圓沙書院刻本（北京：北京圖書館出版社，二〇〇五年），葉一三a。

【四】黃淮、楊士奇編：《歷代名臣奏議》卷一三六，蒲宗孟〈論仕進抑塞書〉（上海：上海古籍出版社，一九八九年），頁一七八四。

【五】《皇宋通鑑長編紀事本末》卷一二五〈官制〉，《續修四庫全書》第三八七冊，頁三四二；《續資治通鑑長編拾補》卷三一，政和二年九月癸未，頁一〇三九。

【六】楊萬里撰，辛更儒箋校：《楊萬里集箋校》卷八九〈冗官下〉（北京：中華書局，二〇〇七年），頁三五二八。

使在部參選者儘快得到擬任的機會，已差注而等待出闕人儘快赴任。然而，官員更易頻數，「雖守闕者暫時為利，罷任者赴選益多」【一】。這種不顧久遠的短期行為，既無益於治，又使一批批新的待擬人源源而來，幾類於飲鴆止渴。

四是預使員闕。「使闕」，指某職位雖現有官員在任，但理為出闕，以便提前除授待擬者，保證及時交接。北宋開國後，往往缺官，一俟擬任，便急於發遣。真宗祥符三年（一〇一〇年）東封放選，三千餘人赴集，流內銓無現闕可用，預使隔年季闕，為之注擬，遂為例【二】。仁宗景祐三年（一〇三六年），審官院奏請以現任官到任一年半使闕、三十月交替【三】，即預使一年之闕。哲宗元祐元年（一〇八六年）時，「舉天下之員闕，不足以充入仕之人」【四】。尚書左選所屬知州、通判到任半年即使闕【五】，侍郎左選已經使到元祐四年夏秋季闕【六】。其後，堂除人亦有待闕一年以上者，「人情驚駭，昔所未見！」【七】而南宋時，現任人到任即「出闕」，已經形成定制【八】。

預使員闕及待闕年限的延長，與依限守選制度事實上被廢除有關。自五代時，郊恩放選即許「待闕注擬」【九】。熙寧強調銓試，亦許不守選限。所以，針對這一痼疾，蘇轍所開處方是：「乞復選人選限」【一〇】。員多闕少，總會導致部分官員待業。不候選限而預使員闕的做法，將壓力集中於銓司，卻通過提前擬任，在一定程度上安撫了參選官員，使他們看到了個人的仕宦前景，不至因絕望而導致「奸邪無狀」，造成政治上的不穩定局面。但這一辦法不可能真正緩解員多闕少的矛盾，反而造成了待闕人諮怨不已的尷尬場面。

五是借闕或破格注擬，調整資序與窠闕的相應位次。宋代，有限的窠闕分散於中書及吏部四選等處，諸闕所要求的資序事先即已確定，這使得本已緊張的員闕關係更趨複雜。報請皇帝批准，臨時借用他司窠闕，是經常行用的一種通融辦法。中書時而侵用吏部員闕，吏部除在尚書、侍郎選間上下調劑外，往往申請以「堂闕」還部或借注堂闕。作為權宜之計，這雖然保證了當司一時的周轉，卻引起了許多後遺症和混亂狀態，引起了朝臣們的批評。為解決這一問

【一】《歷代名臣奏議》卷一六〇，宋庠奏，頁二〇八九。

【二】《長編》卷一〇一，天聖元年閏九月甲午，頁二三三六。

【三】《長編》卷一一八，景祐三年二月戊辰，頁二七七七。

【四】《長編》卷三八六，元祐元年八月辛亥，頁九四〇一。

【五】《長編》卷三八九，元祐元年十月乙未，頁九四六七。

【六】蘇轍：《蘇轍集．欒城集》卷四〇〈乞復選人選限狀〉（北京：中華書局，一九九〇年），頁七一四。

【七】《蘇轍集．欒城集》卷四四〈論堂除太寬劄子〉，頁七七六。

【八】佚名編，劉篤才點校：《吏部條法．差注門》，楊一凡、田濤主編：《中國稀珍法律典籍續編》，第二冊（哈爾濱：黑龍江人民出版社，二〇〇二年），頁一〇二；《宋會要輯稿．選舉》二三之一四，頁五六八六。

【九】王欽若等編纂：《宋本冊府元龜》卷六三三〈銓選部．條制第六〉（北京：中華書局，一九八九年），葉一b，頁二〇四八。

【一〇】《蘇轍集．欒城集》卷四〇〈乞復選人選限狀〉，頁七一三。

題，朝廷曾多次調整區分，如元祐二年定知州軍堂除闕一〇四處、吏部闕九十八處，次年又確定在京差遣之堂除闕與吏部闕等等【一】。但「借闕」現象始終無法杜絕。尚不僅此，根據候選人條件，臨時調整闕次對於資序的要求，更多地是在本司內進行的。

「注擬不行」是當時的普遍狀況，但吏部手中並非絕對無闕可注，祇是與待擬人合入資序相當的闕次少、待擬人願意就差的闕次少。與大量選人、京朝官滯留在部同時，大批闕次空置數年，職事曠廢。熙寧時，身為監察御史裡行的彭汝礪即向神宗皇帝匯報說：「臣問審官吏，〔知〕今知縣闕次，常有餘處。雖至好縣分，亦不肯注授，故諸處闕官有至數年者。」【二】北宋末年，僅成都府一路，即缺正官一百三十餘【三】。這些被冷落的窠闕，或資序應入人少，吏部未及時調整；或事務煩劇；或位於邊遠地區與無職田處。已經待次有年，一生難得成就幾任的官員們，含辛茹苦熬得機會臨近，不肯「屈就」所不滿意的窠闕。凡此種種，更加劇了固有的員闕矛盾。

統治者看到這些問題，力圖以破格差注的方式來進行調節。破格，既有所謂破格拔擢，以有能力、堪任使而資序低者權入高資序職位，冠以「權」或「權發遣」之名銜【四】；又有闕次公佈日久、合格者無人願就，因而破格注授條件稍遜者【五】；還有臨時成批調整某資序之可入闕次的【六】。這些「破格」辦法本身，事後均經整理，列入了格條之中。相比之下，第一種辦法不僅僅著眼於員闕問題，立意提高治事效能，措施比較積極。

三、宋代銓選中的差遣注擬過程

合理搭配員、闕，把適當的人選分派到適宜的差遣職位上去，是銓選的中心任務。在實際施行中，由中書門下與吏部四選分別主持，形成了一系列複雜而大致有條不紊的程序。其中關卡之多、防範之嚴、分工之細，都是難以想像的。以下著重討論常調官員注授差遣的程序問題，希望能夠從中看出，在宋代，「員」是依據何種原則，如何被填充到「闕」內去的。

（一）闕次的確定

北宋前期，沿前代之制，與幕職州縣官有關的闕額及俸錢等，都是由吏部格式司掌管的。

【一】佚名編，司義祖整理：《宋大詔令集》卷一九五〈誡約不得侵佔吏部闕詔〉（北京：中華書局，一九六二年），頁七一九—七二〇；《長編》卷四〇四，元祐二年八月乙未，頁九八三八；同書卷四一七，元祐三年十一月丙午，頁一〇一二二。

【二】《歷代名臣奏議》卷一三七，彭汝礪〈論縣令狀〉，頁一八〇一。

【三】《宋會要輯稿．選舉》二三之九，頁五六八一。

【四】《長編》卷二六九，熙寧八年十月乙丑，頁六五八三；同書卷三七〇，元祐元年閏二月丁巳，頁八九五五。

【五】《吏部條法．差注門》，頁五。

【六】《長編》卷九六，天禧四年十一月壬子，頁二二二一。

諸州縣及在京百司因官員調任、替罷、假故、致仕、死亡等原因而出闕或新設機構需要吏員，即由當州或當司每季將闕額遞交吏部格式司，是為「具闕申送吏部格式」【一】。格式司置在任及得替幕職州縣官版簿，具錄其條目，替罷者並具官名及因依。員闕匯總後，一併送銓【二】。元豐五年（一〇八二年）以後，吏部尚書左選、侍郎左選專門設有掌闕案、知闕案、格式案等，負責統計落實窠闕。【三】

慶曆年間，兵部員外郎兼侍御史知雜事趙及權判吏部流內銓，懲銓吏隱匿員闕、邀求賄賂之弊，奏請朝廷，格式司一送到員闕，即以長榜公佈於眾。自此，吏部銓選中有了「榜闕」的做法。【四】

（二）投狀與初審

諸路罷任得替之常調京朝官、幕職州縣官，紛紛持解由赴部參選，他們首先需要依據規定投入文狀，其中包括詳細記錄鄉貫、三代、年齒、出身、履歷、舉主及功過的腳色、家狀、薦狀和印紙曆子等。據《吏部條法．印紙門》所載〈尚書侍郎左右選通用令〉：

諸參選者，錄白出身以來應用文書，並同真本，於書鋪對讀，審驗無偽冒，書鋪繫書。其真本令本官收掌，候參部日，盡齎赴本選，當官照驗。【五】

這裡所說的「書鋪」並非刊售書籍之店肆，而是設立於民間的一些政府文書事務代辦機構。書鋪戶可以受理準備參選文書、進行驗證一類事項，靠他們的經驗，協助參選者通過各個程序的審查。當時，有些書鋪已經相對固定地分別聯繫於吏部四選。紹興年間，秦檜尋其「恩家」曹泳，就是通過侍右書鋪找了來的【六】。書鋪這類特定職能的出現，恰從一側面說明了宋代銓選及參選人對於案籍文狀的重視程度。審驗文書的結果已經成為除授差遣的主要根據，直接關係到常調官員們的仕宦生涯。

同時參選的，還有通過科舉考試或由蔭補、年勞、進納等途徑初入仕途者。他們亦須供納「腳色」等文狀。

唐代，綜核選人文書是由吏部南曹負責的。北宋前期，選人仍舊到南曹「納解投狀」；而

【一】《宋本冊府元龜》卷六三二〈銓選部·條制四〉，葉四a，頁二〇四二。

【二】《長編》卷五，乾德二年二月戊申，頁一二一—一二二；《宋會要輯稿·職官》一一之七六，頁三三六四。孫逢吉：《職官分紀》卷九〈格式司〉，《景印文淵閣四庫全書》第九二三冊（臺北：臺灣商務印書館，一九八六年），頁二四五—二四六。

【三】謝維新編：《古今合璧事類備要·後集》卷二七〈六部門·吏部〉，葉二a—b。

【四】《長編》卷一五四，慶曆五年二月戊戌，頁三七四六。

【五】《吏部條法·印紙門》，頁二三一。

【六】周密：《齊東野語》卷一一〈曹泳〉（北京：中華書局，一九八三年），頁一九七。

判成送銓的簿曆，流內銓還要「逐旋磨勘」。【一】這樣，本「掌考驗選人殿最」的南曹，事實上成為與銓司相互關防闕誤的機構，往復稽核，留礙百端。熙寧年間，因判銓許將建議，廢南曹【二】。此後，磨勘改轉者將文狀繳納吏部考功司，參選待擬者徑投所轄銓司。

（三）銓試

宋代的銓試，即由銓選機構主持的考試，是自唐代吏部試書判的辦法演變而來的。主要與試者是蔭補之人、科舉考試賜同出身或特奏名人，以及雖曾任官而現應守選（如任內無可稱獎之勞績、或有殿負、或無人舉薦者）、且無免試恩例的選人。【三】

熙寧年間，作為王安石吏治思想的實踐，銓試受到了充分的重視。四年十月，重定銓試之制。據馬端臨說：

> 舊制蔭補初赴選，皆試律暨詩；已仕而無勞績、舉薦及無免試恩，皆試判。〔熙寧〕更制以後，概試律義、斷案、議，後又增試經義。中選者皆得隨銓擬注，其入優等者，往往特旨擢，賜進士出身。【四】

於是，蔭補人及天下官吏爭相誦習法令。據載，銓試取人有一定比率，或十分取七，或十分取五。試中即委以差遣，累試不中者，年四十可以參選注「殘零闕」【五】。這樣，事實上廢止了幕職州縣官依固定年限參選的「守選」制度。

南宋時，銓試傳題代筆之弊，引起了廣泛的關注。朝廷三令五申，命赴試人結保、責成書鋪戶及保官辨認正身，試官於簾內次第引問，並差專人措置關防、廣行緝捕假手之人。但「有司防閒愈備，而小人奸計愈生」，終於收效甚微【六】。

（四）射闕與待次

常調參選者分別於四選投入文狀之後，經審驗合於格式，銓司即將其理為「到部」。銓試合格者亦同時取得了到部排列名次的資格。他們首先被允許根據吏部公佈的闕榜及自己的資

【一】《宋會要輯稿．選舉》二四之九，頁五七〇〇。

【二】《長編》卷二三五，頁五七二〇。

【三】李心傳撰，徐規點校：《建炎以來朝野雜記》甲集卷一三〈初出官人銓試〉（北京：中華書局，二〇〇〇年），頁二六七—二六八；《古今合璧事類備要．後集》卷二七〈六部門．吏部〉，《中華再造善本》影印宋刻本，葉三b；《文獻通考》卷三四〈選舉考七．任子〉，頁一〇〇六—一〇〇七。

【四】《文獻通考》卷三四〈選舉考七．任子〉，頁一〇〇七。

【五】《建炎以來朝野雜記．甲集》卷一三〈取士．初出官人銓試〉，頁二六七—二六八。

【六】《宋會要輯稿．選舉》二六之一四，頁五七五九。

序，開具「欲求所向路分差遣狀」（一般可以指定三路），即「射闕狀」。如果情願入遠或願得折資差遣，也在狀內寫清【一】。狀前須注明本人戶貫、寄居州府及有田產物力處，備述歷任、功過、舉主，先由書鋪書押驗證，再由吏部郎官抽查點檢【二】。

由於陸續到部者很多，難於同時發遣，所以他們衹能依本人條件排列順序，等候捱到自己的次第。這一過程被稱之為「待次」，常需數月乃至一、二年之久。

對於參選者來說，排列次序的標準，無疑是士大夫關心的敏感問題。北魏《停年格》以停官久暫為序；唐代《循資格》憑官資定選數，以選數論先後；宋代，有以薦者多寡為差、有以到選先後為次【三】。而「陞名次」亦隨之成為宋代官僚管理中重要的褒獎方式之一。選人離任期間，俸祿亦停，待次時間一長，往往貧乏困窘。為防釀成不測，有司或允其以前資官身分臨時差攝職務，領取津貼；或允其請假出外，候名次稍高再赴銓司【四】。

（五）差注：預擬

吏部所掌握的大量窠闕，一一規定有不同的相應資序。從工作性質上，可以劃分為兩大部類：一為「親民差遣」，注親民資序人；二為「釐務（監當）差遣」，注監當資序人。但這種搭配並非絕對不變，監當闕有時亦差注親民資序人。

吏部主持銓選的官吏，首先根據參選者的文狀，確定其應人資序的等類，包括級別與地望。除授的資序問題，牽涉到一系列細密的規定（見本書第三章）【五】，此處不再贅述。粗略地講，以京朝官為例，「在法，做兩任知縣，有關陞狀，方得為知州；兩任知州，有關陞狀，方得為提刑；提刑又有一節，方得為轉運。」【六】

應入資序大致決定後，即需從現有窠闕（包括所「預使」之員闕）的規定出發，在參選人中依次尋求條件相當者。何類闕注何等人，銓條中有明確規定；在候選者條件參差時，決定選擇的順序，也有一定的標準。例如，《吏部條法・差注門》之〈尚書左選格〉，載有「選親民官」的要求：「經朝廷選任、經任寺監丞、考課優等、本職被賞（謂減年以上）、曾歷本資——

【一】《宋會要輯稿・職官》一一之二至三，頁三三〇五；《長編》卷一二三，寶元二年正月己未，頁二八九四——二八九五。

【二】謝深甫編，戴建國點校：《慶元條法事類》卷六〈職制門・朝參赴選〉，《中國珍稀法律典籍續編》第一冊（哈爾濱：黑龍江人民出版社，二〇〇二年），頁一〇八——一〇九。《吏部條法・差注門》，頁五。

【三】《古今合璧事類備要・後集》卷二七〈六部門・吏部〉，《中華再造善本》影印宋刻本，葉八b。

【四】《長編》卷三〇〇，元豐二年九月丁卯，頁七二九七；同書卷一八七，嘉祐三年六月甲寅，頁四五一四。

【五】鄧小南：〈試論宋代資序體制的形成及其運作〉，原載《北京大學學報（哲學社會科學版）》，一九九三年第二期，頁四六——五五。

【六】黎靖德編，王星賢點校：《朱子語類》卷一二八〈法制〉（北京：中華書局，一九八六年），頁三〇七三。

右以次選」【一】。這些條目的重點，實際上不外乎資歷與考績二項。

在銓選中，對於考績高下的衡量，宋代形成了一套與唐代大不相同的、以實用易行為特點的辦法。儘管當時仍然行用善、最之科考評群僚，而事實上，長官多書以「中」考，往往難分高下，從而流於形式。約自北宋時期，出現了將官員功狀、過犯、服務年限及其應得獎懲的程度比折為分數的做法，並以此作為銓選的根據。《吏部條法．差注門》中尚書侍郎左右選通用的「校量功過」條，對此有詳盡的記載與說明。其中把官員所受轉官、循資、減磨勘年等酬賞及追行、降官、落職、勒停、衝替等處罰，統統折算為自肆拾分至壹分不等的加減分數，靠這種辦法拉開候選官員相互之間的距離，以區分檔次【二】。這樣，即使屬於同一資序者，亦會產生先後之別，從而便於注擬，并可以有效地減少糾葛與怨尤。

注擬時遵用的條格之繁密程度，可以從今存《吏部條法》殘卷和散見於其他史籍的資料中窺得一斑。其「繁」，在於分類層次複雜、要求具體細緻，甚至重複歧互；其「密」，在於待擬人資序與窠闕等次的嚴絲對縫，資深者序進，格到者次遷。即以縣令為例，不僅具體規定了需要的任數、考數、舉主條件及員數，以及課績高低或負犯的處理方法，而且，縣令有因薦舉而入者，有因循資而入者，其就職路分亦原則上規定為一任遠、一任近。如在川峽、廣南等緣邊地區就職而不許挈家赴任，代還日皆免守選，或先次注授近地差遣；而因假故不敘資考者，赴調日再任遠地。另外，對其任期、理任辦法等，都有具體條文【三】。這許多條件，又都因時因地而規定各異。

規定如此嚴整的銓格，事實上會造成「注擬不行」的局面。楊萬里曾舉例說：「尚左之幹官，高者不肯入，卑者不得入。於是揭闕於牆壁有九年而不授者，若廣東提刑司幹辦公事是也；有七年而不授者，若廣西提刑司幹辦公事是也；有六年而不授者，若廣東經略安撫司幹辦公事是也。」【四】所以，經常看到銓司報告「在部人多」而「合入資序者少」，要求臨時調整選法的情況。因此而出現了非次、經使、破格、殘零等闕次名目。仍以幕職州縣官為例：

> 應非次闕，出闕伍日為非次；應經使闕，非次後壹日為經使（按：以上係「正格闕」）；應破格闕，自出闕首尾榜及叁月為破格；應殘零闕，破格後榜及拾日為殘零；應無

【一】《吏部條法．差注門一》，頁二四。

【二】《吏部條法．差注門一》，頁九—十。

【三】《宋史》卷一六九〈職官九〉，頁四〇四〇—四〇四三；同書卷一五九〈選舉五〉，頁三七二一；《長編》卷九四，天禧三年十一月丁巳，頁二一七〇；同書卷九五，天禧四年六月戊申，頁二一九九—二二〇〇；同書卷一二九，康定元年十一月庚辰，頁三〇五八；《吏部條法．差注門六》，頁一六一—一六二。

【四】《楊萬里集箋校》卷六九〈論吏部差注之弊劄子〉，頁二九三六—二九三七。

人願就殘零闕，殘零後再榜拾日為無人願就殘零闕。【一】

受員、闕雙方各種變動因素影響，在實際差注過程中，以資序為軸的注擬曲線自然要隨之發生變化。這在一定程度上緩和了員、闕條件不侔的矛盾。僅元祐元年上半年，在到部參選的七百餘人中，即有四百八十餘人就「凋零」闕次【二】。當然，也有一些「寧缺毋濫」，一般不准理為「破格」窠闕，例如：

應專選監當，自出闕至久榜，更不作破格；應司法除川廣外，雖久榜並不作破格；應堂除撥下闕，雖出闕久榜並不作破格。【三】

雖然當時很多人相信「法本無弊，例實敗之」，【四】事實上，銓曹條格本身不僅繁複紛委，而且逐旋衝改、廢置不常。有時，朝廷不暇檢錄舊制，臨時頒行敕令，導致前後重複，有時因事立制，又不免相互抵牾【五】。這正為不法胥吏提供了用武之地。據《續資治通鑑長編》嘉祐三年十二月乙酉條：

時銓格繁密，吏所以為奸，其緒尤多。案牘及書課歷疑誤僅若毛髮，先輒行下，推原

數四猶不釋，以邀賄請。【六】

為了對付這類問題，仁宗即位之初，魯宗道判銓，悉書選調科條，揭於廡下，以便選人【七】。徽宗時，韓粹彥領侍郎右選，也曾採用這種辦法，把銓曹格令與窠闕一起，大書而揭之門【八】。

（六）差注：集注問闕

從官員到部待次至初擬，準備過程很長，而正式差注卻進行迅速。據《吏部條法·差注門》：

【一】《吏部條法·差注門二》，頁四五。

【二】《長編》卷三八〇，元祐元年六月戊申，頁九二三七。

【三】《吏部條法·差注門二》，頁四五。

【四】《文獻通考》卷三八〈選舉考一一·舉官〉，頁一一二三。

【五】《長編》卷一四六，慶曆四年二月丁巳，頁三五五〇。

【六】《長編》卷一八八，嘉祐三年十二月乙酉，頁四五三六。

【七】《長編》卷九八，乾興元年三月壬申，頁二二七六—二二七七。

【八】趙鼎臣：《竹隱畸士集》卷一七〈故龍圖閣學士宣奉大夫中山府路安撫使兼馬步軍都總管兼知定州軍府事提舉本府學事兼管內勸農使開封縣開國子食邑六百戶贈特進資政殿學士韓公行狀〉，《景印文淵閣四庫全書》第一一二四冊（臺北：臺灣商務印書館，一九八六年），頁二四五。

「諸集注闕，每季首月檢舉，於拾日內注。……諸注官，判成後限貳日，叁拾人以上展壹日。」【一】

宋代為減少銓選中的壅塞現象，不再實行「鎖銓」制度【二】，而是四時注擬，甚至逐月集注【三】。集注時，「集長貳廷坐，而下列願注授之人，高唱其闕而問之，以授窠闕」【四】。其中，尚書左右選負責的京朝官、大使臣，親自批書「就」或「不就」；侍郎左右選負責的幕職州縣官和小使臣，聽候長官唱名，回答願注之處【五】。

《宋史．雷德驤傳》中講述了雷有終參加集注的事例：真宗年間，他「以蔭補漢州司戶參軍，時侯陟典選，木彊難犯，選人聽署於庭，無敢嘩者。有終獨抗言，願為大郡治獄掾。陟叱之曰：『年未三十，安可任此官！』……署萊蕪尉。」【六】

如果對銓司初擬結果不滿意，可以參考本人意願改擬。而改擬兩三次仍不願就者，則由主司參照原指射路分，據其合入遠近「硬差」。若有特殊理由，如係丁憂服闋人，或自不搬家地分代還者，可以多擬一次【七】。

硬差，間或稱作「定差」、「直差」，指不須經本人同意而由主司擬定差注。犯贓罪、被衝替人「合當硬差」，多次問闕而不就者亦可以硬差。這類即便已經破格，仍然無人肯就，以致需要硬差的闕次，有時被稱為「硬闕」。由於知縣、縣令職責繁重，很多窠闕久不注授，「諸路縣令例直差注」【八】。熙寧年間，江南東西、荊湖南北四路知縣闕，有一些即連續數年被當作硬闕處理【九】。

集注唱名、注定闕次之後，吏部郎官即將前此公佈的闕榜銷去，代之以「擬榜」。每季甚至每月一度的這種集注，一般兩天內即可完成，侍郎左選集注選人，當日即定。選闕則在三日內擬定【一〇】。當然，到闕赴選、並已審驗過文狀的人員絕非可於當季發遣完畢，因沒有適當闕次而阻滯待擬的人員始終存在。

從預擬到集注問闕，銓司不時針對情況調整窠闕與資序的搭配關係（對此，羅文教授稱之為「採取了自由經濟中的供求原則」【一一】），有著一定的靈活性；參選者的主觀願望亦在一定程度

【一】《吏部條法．差注門一》，頁七。

【二】《長編》卷七一，大中祥符二年正月乙酉，頁一五九一—一五九二。

【三】《古今合璧事類備要．後集》卷二七〈六部門．吏部〉，《中華再造善本》影印宋刻本，葉一四b—一五a。

【四】趙升編：《朝野類要》卷五〈餘記〉（北京：中華書局，二〇〇七年），頁一〇六。

【五】《吏部條法．差注門一》，頁六。

【六】《宋史》卷二七八〈雷德驤傳附子有終〉，頁九四五五。

【七】《長編》卷一二三，寶元二年正月己未條，頁二八九四—二八九五。

【八】《宋會要輯稿．職官》四八之三二，頁四三三〇。

【九】《宋會要輯稿．職官》四八之二九，頁四三二七。

【一〇】《吏部條法．差注門一》，頁六。

【一一】羅文：〈由現代行政學的職位分類看宋代的人事行政制度〉，《華岡文科學報》，一九七八年，第一一期，頁一四四。

上得到尊重：不僅事先可以射闕，集注時可以選擇，事後還可以在一定期限內提出換易差遣的要求【二】。從實施過程來看，差注中所貫串的，是以「疏導」為主的原則，而這些辦法也被事實證明是行之有效的。

（七）集注、銓量

銓量與集注問闕事實上是同時進行的。銓量，指由吏部長貳審驗人材，精心物色知州、通判與知縣、縣令的人選【三】。其本意在於彌補單純注重案籍、依格擬授的缺失。然而，制度與程式設計釀就的結果，僅靠一二吏部長官是無由逆轉的，因此，「銓量」也在這整體氛圍之下，被分解為一步步例行手續。楊萬里《選法（下）》中有：

> 今吏部亦有所謂「銓量」者矣：揖之使書，以觀其能書與否也；召醫而視之，以探其有疾與否也；贊之使拜，以試其視聽之明暗、筋力之老壯也。曰「銓量」者如是而已矣，而賢、不肖、智愚何別焉！【三】

儘管如此，總算檢查了身體，驗明了精力強衰，於日後治事亦不無裨益。也正因為銓量中有可能淘汰部分人選，才使得某些官員力求「在外射闕」而規避到部銓量【四】。

（八）過門下

吏部差注之後，還有一系列關送、勘覆手續。其中最重要的一環是「過門下」，或曰「過門」、「過堂」。北宋前期，審官院擬授的知州軍京朝官，由中書負責審驗；幕職州縣官經流內銓注擬之後，送門下省押定。後者多半祇流於形式，但也有確行其事者。宋初，王祜判門下省，侯陟判銓，銓司注擬之官，王祜多所駁正【五】。

元豐改制後，門下省主審覆、封駁之事，「過門下」有了實際內容：經吏部四選擬注的官員湊為甲次（即所謂「團甲」），由尚書都省送門下省，給事中校其仕歷、功狀，侍中、侍郎引驗、審察。有違礙格條或老疾不任事者，即退回吏部改注，同時具事因奏報；其他獲通過者上奏，候批旨降出，送尚書都省施行【六】。此法施行後不久，僅給事中陸佃一人，就曾於讀吏部

【一】《吏部條法・差注門六》，頁一六二。
【二】《朝野類要》卷四〈銓量〉，頁八九。
【三】《楊萬里集箋校》卷八九〈選法下〉，頁三五一一。
【四】《宋會要輯稿・選舉》二三之一七，頁五六八九。
【五】《宋史》卷二六九〈王（祐）〔祜〕傳〉，頁九二四二—九二四三。
【六】《宋會要輯稿・職官》一之二〇，頁二九四八；同書職官二之二引《神宗正史・職官志》，頁二九八五—二九八六。

奏鈔之際，駁回吏部為宋彭年、賈種民等數人所擬差遣。【一】

門下省審察的重點，在於擬注為知州軍（有時亦包括通判）的京朝官【二】。重視對於親民長官的除授，是宋代的一貫政策。

（九）給告、謝辭

以北宋前期常調選人的除授為例，過門下之後，尚書都省把內中批回的幕職州縣官注擬文案送到甲庫，甲庫出給簽符，並關送南曹、格式司、官告院。舍人院據送到詞頭命詞，官告院出給告身，格式司填闕注籍，南曹頒發曆子【三】。為領取告身，宋初選人還須交納一定數目的朱膠綾紙錢【四】。此後，選人由吏部官員引導至殿廷或閤門謝辭，依禮儀規定而拜伏舞蹈（同時經磨勘改京官者，在正式集注授與差遣之前即已參加了「引見」）【五】。注擬為知州、通判的京朝官，辭見時，往往要上殿接受皇帝審視、訓諭【六】。已擬任官有時還需要到御史臺告辭，稱作「臺辭」，其中若有庸懦昏闇之人，御史可以彈奏【七】。南宋時，引見、上殿禮儀都大為簡省了【八】。

謝辭意味著參選過程的結束。除授的結果，即「除日」，由朝廷發送邸報，通知百司各方。石介在嘉州時，曾見到載有除改目錄的邸報，得知「張叔文由御史臺主簿改著作佐郎，依舊在臺」，因而賦詩一首，其中有「驚聞除目到遐荒」句【九】。南宋仍行此制。

（十）待闕

參選結束，距被擬官員可以赴任治事之日，一般還需相當長的一段時間，以等待被擬職位出闕。這被稱為「待闕」。待闕有兩種含義：一是在銓司等待可注之闕，這個意義上的待闕，即相當於「待次」。另一含義，是指官員被注擬了差遣之後，等待所注之處實際出闕。多數情況下，「待闕」是就後者而言。宋人亦有將後一意義上的「待闕」與「待次」混淆使用者，如《西

【一】《長編》卷三二九，元豐五年九月壬辰，頁七九三〇；同書卷三三二，元豐六年正月乙巳，頁八〇〇九。

【二】《長編》卷四一五，元祐三年十月戊子，頁一〇〇七六；《宋會要輯稿．選舉》二三之一五至一六，頁五六八七—五六八八。

【三】《職官分紀》卷九〈甲庫〉，《景印文淵閣四庫全書》第九二三冊，頁二五〇。

【四】《宋會要輯稿．職官》一一之六三，頁三三五〇。

【五】宋敏求：《春明退朝錄》卷中（北京：中華書局，一九八〇年），頁二八。

【六】趙汝愚：《宋朝諸臣奏議》卷七七〈見謝辭〉（上海：上海古籍出版社，一九九九年），頁八四二—八四七。

【七】《宋會要輯稿．職官》五五之八至九，頁四五〇一。

【八】《朱子語類》卷一二八〈法制〉，第三〇六四頁。

【九】石介：《徂徠石先生文集》卷四〈嘉州讀邸報見張叔文由御史臺主簿改著作佐郎依舊在臺〉（北京：中華書局，一九八四年），頁四六。

臺集》卷十一〈與李門下侍郎〉，畢仲游自述說：「歲歸自吏部，授閬州闕，還汝待次」【一】。

在朝廷頒佈的除授敕命中，有時會明確指出「替某人某月滿任（或成資）闕」。慶元年間，胡柯所做《廬陵歐陽文忠公年譜》中收錄了仁宗時期歐陽脩被差注的歷次制詞，其中景祐三年「降授守峽州夷陵縣令，替劉光裔今年七月成資闕」；次年「特授守光化軍乾德縣令，替張宗尹來年三月成資闕」；寶元二年「充鎮南軍節度掌書記、權武成軍節度判官廳公事，替節度推官趙咸寧來年二月滿闕」。慶曆四年以後，歐陽脩先後任河北都轉運按察使，「替張昷之」；知滁州，「替趙良規」；知揚州，「替張奎」【二】。此時，他早已「出常調」，無須待闕，而可以徑直走馬上任了。

隨著官冗問題的突出、預使員闕年限的伸延，待闕時間越來越長，波及面也越來越廣，不僅常調官待闕，堂除人乃至監司亦需待闕。據莊綽在《雞肋編》中提供的數字，「元祐六年五月，吏部待闕官：尚書左選一百六十二員，侍郎右選八百餘員，並使一年以上至二年兩季闕；尚書右選二百八十三員，侍郎左選五百三十七員，並候一年一季已上至二年三季闕。」【三】不過，待闕時日的久暫，一般並不影響官員階秩的磨勘轉遷。朝廷有時也特差待闕官員臨時去管勾它事。

吏部四選掌握的「待業」常調官員中，除去大量已注而待闕者之外，還有不少由於各種原因已授被改、欲赴被罷及待次年深的官員。宣和七年初統計的結果，在吏部等候發遣的後三類人竟達二百零四名之多【四】。

四、「以資格用人者，有司之法」

綜上所述，宋代為常調官員除授差遣的工作，始終是在「員多闕少」這一突出矛盾的壓力之下進行的。銓選中履行的諸多程序，在往復衡改、相互折衷的長過程中逐漸形成、且非一成不變，其實質內容是對於資序的審定以及對於員、闕對應關係的調整。

確定銓選主旨，離不開當時整個設官分職制度。階官與差遣的分離，意義之一在於使庸懦者不失給養，而精幹員僚得以任事。但是，隨之而來的員闕矛盾給銓選制度造成了不可低估的影響。從銓選條制本身來看，既重視對於官員治績的考核，以期簡拔才能；又強調對於資序的審驗，以保證參選者憑年勞即可獲得基本的入選條件。員與闕的一定差額，本來可以提供更多擇優汰劣的機會；然而，二者差距過於懸殊，則導致無法甄別辨識。更重要的是，在當時的官

【一】畢仲游：《西臺集》卷一一〈與李門下侍郎〉，叢書集成初編排印本（北京：中華書局，一九八五年），頁一八一。

【二】胡柯：〈廬陵歐陽文忠公年譜〉，收於《歐陽脩全集》附錄卷一（北京：中華書局，二〇〇一年），頁二五九九、二六〇〇、二六〇二—二六〇三、二六〇四、二六〇五。

【三】莊綽：《雞肋編》卷下〈四選人數〉（北京：中華書局，一九八三年），頁九八。

【四】《宋會要輯稿．選舉》二三之一二，頁五六八四。

僚管理體制中，用人權限過於集中，又缺乏有效的競爭機制，使得拔擢材能的合理目標在很大程度上落空。結果，「以次發遣，庶無留滯」，成為除授工作的實際目標。銓選中的一系列程序，正體現了這種「保平穩，重眼前」的精神。

銓格如此繁密，自來被認為是有利於精熟此道的胥吏而不利於普通參選人的。實際上，大批常調參選者，一方面深受繁瑣程式之苦，一方面又在盡力維護著細密的銓格。銓選條文及其中貫穿的「資序精神」之所以難於衝破，原因不僅在於國家決策階層，不僅在於管理執行人員，同時亦在於大批被其審驗的赴選人權衡利弊之下對於這套辦法的擁護。構成官僚隊伍主體的中下層官員，特別是那治績平平的大多數人，在員、闕數額的強烈對比下，十分憂慮被沙汰的可能，內心期待著平穩陞遷的前景。他們不僅要求依年限磨勘敘遷，更要求獲得依次就任差遣的機會。在這一集團中，形成了一種特有的群體意識。他們與銓格的設計者一樣，都希求一種不帶任何個人色彩、不偏不倚且規定具體的擬注條例。在他們眼中，「功優善最」可望而不可及，「資序」卻是一把實用而又過硬的標尺。這批人很少就程序的繁複、銓格的嚴密提出異議，而把滿腹牢騷發洩在銓司不照章辦事、胥吏上下其手而「注擬不均」上面。

當時，在士人心目中，普遍認為「以資格用人者，有司之法；以不次用人者，人主之權」【一】。因此，最被稱道的判銓者是透徹瞭解並且身體力行銓曹條敕的人，如杜衍、蘇頌【二】；最反感的是立法之時「不肯公心明白，留得這般掩頭藏倖底路徑」以應副親舊者【三】；最嚴重的問題則是除授徇情而不以次。天聖年間，宰相張知白授意審官院為楊僑先次除注，被告發後「驚惋自失……因之抑鬱數月而沒」【四】。

為迎合參選者這種普遍心理，銓曹在調整條格之時，總要表白「公天下而詔永久」的意圖。熙寧年間創行的八路定差之制，元豐時受到上官均等人的嚴厲抨擊，其列舉之主要罪名亦是「不均之弊」。【五】

北宋時，從身為宰輔的寇準到范仲淹乃至王安石，都曾力主用人不以次，卻難以收到成效，特別是衝不破銓曹條制的強韌屏障，原因之一正在於「以次用人」有著廣泛的社會基礎，甚至受到大多數參選者的贊成。

宋代的薦舉制度，為解決這一棘手問題、保證任職者質量提供了一條出路。對於這一制度及其作用，近年來已有一些詳盡確當的研究成果。要之，這種方式，通過擇、責舉主，建立

【一】呂中：《類編皇朝大事記講義》卷二〈頒循資格〉（上海：上海人民出版社，二〇一四年），頁六三。
【二】《歐陽脩全集．居士集》卷三一〈太子太師致仕杜祁公墓誌銘〉，頁四六八；朱熹：《三朝名臣言行錄》卷一一之三〈丞相蘇公〉，《中華再造善本》影印國圖藏淳熙刻本（北京：北京圖書館出版社，二〇〇三年），葉十b。
【三】《朱子語類》卷一二八〈法制〉，頁三〇七三。
【四】《長編》卷一〇六，天聖六年二月壬午，頁二四六六。
【五】《宋史》卷一五九〈選舉五〉，頁三七二三。

起一種上下責任網，受到了統治者的充分重視，「凡要切差遣，無大小盡用保舉之法」【一】，故有「國朝用人之法，一則曰舉主、二則曰舉主」【二】之說。從保舉內容來看，多屬被薦人的資格與治績。但是，誠如司馬光所說，「若非交舊，無以知其行能」【三】。因此，或仍難脫片面講求資格之弊，或不可避免地帶有家族、姻親、地域、部舊、派別等關係網絡的痕跡，有時更完全流於形式，徒增奔競之風。

宋代「吏員多而待次者眾，條目混淆，而胥吏得以因緣為奸」，這被認為是「選部之公患」【四】。這種狀況的形成不是偶然的。高度集權的政治體制、以次用人的除授原則，使得詳載資序、功過的案牘成為裁斷先後的準繩。既然如此，自然無法單純追究吏部長官的失職，無法一味責備他們對於胥吏的倚賴。熟悉條例、經辦簿籍、洞悉處理訣竅的，畢竟是無數訓練有素的「老吏」。他們掌握著各種必需的信息，卻不享有最終決定權；而被授予了權力的長官，若非有杜衍一般的才幹，又往往缺乏對本職事務的具體瞭解，需要求助於士人們所不齒的吏人。銓選的主持者們明白，依例行公事去做，恪守體現「公平」的銓格，或許是不惹是非、不觸眾怒的穩妥辦法。二者既相互戒備又相互攜手，共同維護著吏部「銓衡、藻鑒之司」的門面。

制度在實施過程中的執行狀況，與其紙面規定，往往有很大的差距。這不僅是由於胥吏舞弊，更是由於不正當的干預、多方面的牽制、惡劣的官場風習乃至腐敗政治的扭曲等因素造成的。不過，從總體狀況來看，擺脫了封閉的世族體制背景的宋代官僚選任制度，與前朝相比，無疑是更為開放了，並且形成了更為精密的運作程序，以其獨特的努力進行著解決銓選中固有矛盾的嘗試。這一體制，以恢宏的氣度，吸引了無數社會各階層有才識的精英作為中堅，收入了曾從不同方面為政權的安定與鞏固做出過貢獻的人，也容納了大批無特殊才能及貢獻之輩，以換取他們所屬的社會集團對於趙宋王朝盡心竭力的支持。就其設官分職達到的相互維繫、牽制之功能及緩解員闕衝突、依次發遣的平穩程度而言，這套安排基本是成功的；就其致力的重點以及達到的行政效率來看，卻呈顯出保守拘謹的態勢，給後人遺留下一系列值得深思的問題。

原載《中國史研究》一九八九年第四期，略有修訂。

【一】《歐陽脩全集》卷一〇七〈論兩制以上罷舉轉運使副省府推判官等狀〉，頁一六二三。

【二】《新箋決科古今源流至論．別集》卷七〈舉主〉，葉九b—十a。

【三】司馬光：《溫國文正公文集》卷五五〈論監司守資格論舉主劄子〉，《四部叢刊》初編影印宋紹熙刊本（上海：商務印書館，一九二九年），葉一b—二a。

【四】呂陶：《淨德集》卷八〈禮部郎中除吏部員外郎制〉，叢書集成初編排印本（北京：中華書局，一九八五年），頁八〇。

宋代地方官員政績考察機制的形成

在宋代歷史上，中央王朝十分重視地方吏治，重視對於地方官員的考核與監察。在這裡，考核主要是指人事行政系統對於地方官工作績效的常規檢查；而監察則主要是通過監察機構對於地方官不法行為的糾劾。

考課是推動國家機器正常運轉的楨桿之一，對於保證各級官僚機構充分發揮統治效能、調動其治事積極性，有著不容低估的作用。以往對於宋代考課的研究，主要圍繞考課機構、考課標準、黜陟獎懲等中心內容進行；而對於隱匿在這一系列表象背後的更深層次問題則涉及不夠：例如，宋代對於地方官考課的實際施行狀況、瞭解地方官治事「實績」的途徑等問題，已有的研究顯然尚不充分。

宋廷以防弊之政為立國之本，對於「糾察官邪，肅正綱紀」【一】尤為重視。中央監察機構，主要是御史臺和諫院；而地方路級職能機構，特冠以「監司」之名，在管理本區域本部門事務的同時，皆「專舉刺之事」。【二】近年間的研究，多集中在監察法規、臺諫或監司的職能及其選任等方面，而對於中央對地方、監司對州縣實施監察時的信息渠道等至關重要的問題，則涉及較少。

從宋代的實際運作狀況來看，課績與監察儘管各有側重，卻非判然兩途。地方各路的監司既掌考課，又司監察；中央監察機構對於課績事務的介入，也是相當積極普遍的。當時，對於官員治事績效的正常考核，很大程度上被對於官員資考的勘驗所沖淡、所取代；而在整肅吏治、督核官員方面，決策階層所強調的，事實上是「考察」、「按察」。也就是說，考課與監察的緊密結合，是督勵百官盡職盡責的主要機制。

長期以來，宋史學界對於宋代課績制度與監察制度的研究，分別取得了不少成果；不過，如果我們試圖更為貼近宋代的歷史現實，更為確切深入地把握當時中央對於地方吏治的督覈狀況，還必須從課績與監察制度的交匯、從其結合點來認識。本章就這一問題談些粗淺的想法，向學界師友求教。

一、「課績不實」問題的普遍存在與解決問題的思路

宋代統治者清楚考課之法的重要性，但從當年整體的政治實踐來看，考課法在宋代處於相當尷尬的地位：一方面有再三再四的詔敕強調，另一方面卻是始終難以振作的事實。

【一】脱脱等：《宋史》卷一六四〈職官四．御史臺〉（北京：中華書局，一九八五年），頁三八六九。

【二】馬端臨撰，上海師范大學古籍研究所、華東師範大學古籍研究所點校：《文獻通考》卷六二〈職官考十六．提舉學事司〉（北京：中華書局，二〇一一年），頁一八七〇。

南宋陳淵在其〈論考實〉一文中說：

人主之道在乎知人，而知人之要莫若考實。【一】

在宋廷對於地方親民官的考核過程中，最感棘手的問題，顯然是難以及時掌握充分、可靠的信息，難以確知官員的實際品行、才能與治事績效。

在宋代，有關課績的制度法規，在實施過程中寬縱曠弛，很大程度上成為具文。北宋慶曆年間，歐陽脩三上〈論按察官吏狀〉，批評「從來臣僚非不言事，朝廷非不施行，患在但著空文不責實效，故改更雖數，號令雖煩，上下因循，了無所益」，呼籲朝廷派專人按察地方。【二】南宋紹興六年（一一三六年），殿中侍御史周祕上言：「國家以十五事考校監司，以四善四最法校守令；保奏有違限，不實者有罪。而五六年間，惟成都、潼川路一嘗奏到，其餘諸路課績並不申奏。法令廢弛，能否無辨。」【三】

造成這類問題的原因，首先與朝廷「召和氣」的主導思想、與當時因循苟且的政風有關。政令條文具在，而主管部門玩忽職守，執行檢查不力，使得制度法規形同虛設。

更值得注意的是，在宋代，即便是依照常規進行考課的地區、部門，也嚴重存在「考課不實」的問題。

就宋代考課法的操作而言，其嚴密之處，在於「官給曆紙，驗考批書」；【四】印紙曆子的批書內容是吏部覈驗的主要依據之一。與地方之「批書」相應，在中央權力機構又有考察功過「上簿」制。對檔案資料的充分重視，一方面使得主管部門頭緒繁多的工作有所依憑；另一方面也使得考核出現了程式化的傾向，過分倚靠字面記載。負責考課的部門祇是根據課曆等簿籍文案來決定課績等第或「最」或「殿」，完全無暇顧及其記載的可靠程度。【五】

這樣，對於地方官員之德行、才幹與勞效的記載是否確實，即成為一個關鍵問題。當時，地方虛報治事績效的情形十分普遍；監司批書州縣官曆紙，祇寫勞績、不記拖欠；朝廷專門設立的「考校轉運使副、提點刑獄課績院」（考課院）本來應該掌握官員實際行為，結果卻祇是

【一】陳淵撰：《默堂先生文集》卷一四〈論考實〉，《四部叢刊》三編影印北平圖書館藏景宋鈔本（上海：上海書店出版社，一九三六年），葉三b。

【二】歐陽脩著，李逸安點校：《歐陽脩全集》卷一〇六〈論按察官吏第二狀〉（北京：中華書局，二〇〇一年），頁一六一四。

【三】徐松輯，劉琳等校點：《宋會要輯稿．職官》五九之一九（上海：上海古籍出版社，二〇一四年），頁四六五二—四六五三。

【四】《宋史》卷一五五〈選舉一〉，頁三六〇四。

【五】本世紀浙江武義出土的徐謂禮文書，讓學者有機會一窺南宋中期「曆紙」的實際內容。參看拙作〈再談宋代的印紙曆子〉，載《國學研究》第三十二卷（北京：北京大學出版社，二〇一三年），頁一—三三。

彙總檔案，課績「全無實狀」。

與「課績不實」的實際情況並存的，是宋廷為「課績求實」而做出的種種努力。僅以北宋前期諸帝為例：宋太祖再三要求考課中必須「循名責實」；太宗下令關涉到書考的官吏都得簽署姓名，以便做到「善惡無隱」；真宗施行磨勘引對之法，親自在殿堂接見改官者，當面考查黜陟；仁宗「慶曆新政」以澄清吏治為重點，加強了對於地方官員的按察；神宗更是興利除弊，強調對所有的職任都予以考核，所有的課績都要據實直書。

就考課制度的實施而言，「責實」努力的集中點在於要求文檔儘量詳盡，缺乏解決問題的新思路。宋廷要求在申報課績時填寫非常具體的「實跡」「實績」，以便於日後核對。當時曾經規定，地方官員在任期間所採取的一切興利除害措施，都必須各立條目，每一考都由當職官吏「從實批書」；官員在任期滿，更需「精核」其治績。監司郡守舉薦部屬時，也必須把所舉之人的任內表現分條列目，逐一詳細地寫在薦舉書上。

景德年間，宋真宗感到地方官員申報的「招輯户口」等數字多不屬實，於是要求各轉運司告諭所部：州縣官批書曆子時，必須寫明原管主客户，每年若有流民歸業者，須要「件析户口」；若能增添賦稅，也得「明言實納色額」，而不許籠統填報。[二]

宋徽宗大觀四年（一一一〇年）四月，吏部的考功員外郎吳時向朝廷呈遞了一份奏章，他說，各路監司對於州縣守令的考課內容，雖然聲稱是「具實跡保奏」，事實上往往不夠具體。

他建議，在申報勞績時，

如有開耕荒田，須具所屬鄉分、人戶姓名，元初荒廢因依；其招集到民戶，並指定實戶數目，不得泛言若干餘戶，仍具何年月因水或旱流移。若內有開墾到荒田數目，亦須聲說是與不是拋棄元業，合行給付；即有栽植過桑等，並須開具於是何去處栽植，有無妨礙稼穡，見今有無青活。

朝廷下令依此執行。【一】虛報成績，漏落過犯，一經查出，即予懲罰。

在南宋《慶元條法事類》卷五〈考課〉中，首先引述了關於「諸監司考課事應互申」的規定；在其後的〈監司考課事件〉中記載著對於監司的十五項考核內容，並且錄有當時的《考課式》，其中詳盡規定著申報監司課績的表述方式。

在按照固定式樣填寫之後，申報單位必須保證：

【一】《宋會要輯稿．職官》五九之五，頁四六三八。

【二】《宋會要輯稿．職官》五九之一四，頁四六四七—四六四八。

前項委實並無隱漏增減事件，保明並是詣實。如後異同，甘伏朝典。【一】

即便有上述種種規定，申報的「實績」不實的現象仍然嚴重存在。造成「考課不實」的因素無疑是多種多樣的。有關制度的不健全，對於執行狀況監督檢查不力，主管官員敷衍塞責，各個環節的營私舞弊……都是不容忽視的問題。而其中特別值得注意的，正是宋廷關於考核制度規定本身的不合理，以及這一制度執行過程中的拘執刻板，從根本上違背了「考課求實」的精神。當時的課績定等，在很大程度上受到中央統一頒佈的常規定制所約束，留給地方主考官員的活動空間相當狹窄；根據職務等既定因素而非實際表現，對絕大多數官員書以固定的「常考」，全然缺乏針對性與指導意義。能力、績效互異，考第卻無不同。這顯然限制了課績「考實」的可能性。【二】

從這一角度，我們注意到宋代考課法中「務實」精神的極大局限性：考課法規的制訂者，是人事部門的行家裡手；他們所制訂的具體施行方式，往往充分考慮到了中央與地方人事部門的實際處理能力，而不是真正從基層社會狀況與官員績效的現實出發的。把考第區分與職任捆綁，在減輕了考課主管官員壓力的同時，犧牲了「循名責實」的原則，助長了主考與被考雙方不負責任、應付虛文的因循習氣。

從《長定格》的規定來看，各級官員儘管平時按照「常考」定等，而當他們任滿離職時，應當綜合表現，據實定考。事實上，這也很難真正得以貫徹。離任官員所得的課績等第，往往與其人際關係等因素直接有關。這更使得「考課不實」成為官僚政治中的一大公患。

宋仁宗天聖七年（一〇二九年），龐籍在其奏章〈上仁宗答詔論時政〉中揭露「考課不得其實」的狀況說：

考課之制備存令典，景行功罪不容隱私。今內外之官雖有課曆，率無實狀。蓋由刺舉之官或昧於察廉，或徇於私曲，推勞舉過，多失於公實。意有發擿則果桃成贓；情在容掩則吞舟漏網。考課之司但據課曆以入升殿之科，無緣察其真偽。……故有幹廉在公而偶罹文法者，考司即為有過，而降殿之典行矣；誅剝害民而贓狀不露者，考司即為無瑕，而升賞之恩及矣。如此則降之或在非辜，既無以戒惡；賞之或在有罪，又無以覩能——實由任

【一】謝深甫編，戴建國點校：《慶元條法事類》卷五〈職制門·考課〉，《中國珍稀法律典籍續編》第一冊（哈爾濱：黑龍江人民出版社，二〇〇二年），頁七六。

【二】參見拙作《宋代文官選任制度諸層面》第三章第三節〈考課法在宋代的實施狀況〉（石家莊：河北教育出版社，一九九三年），頁七八—八三。

選之道不精，阿縱之法不嚴，察舉之官不懼故也。【一】

當時，類似的議論很多。龐籍這番話，在批評課曆無實、考司失察的同時，也提醒我們注意，當時的「考課」與「刺舉」有著直接而密切的關係。

宋代的決策者們看到，完全倚仗層級式的常規考核難以掌握官員的治事實績；較之規矩刻板的批書印紙，監察制度的實施相對活躍而有針對性。不過，對於大量官員、大量日常事務的督核，顯然不能僅祗依靠監察部門。於是，一方面有考課方式的內部調整，一方面在實施中突破了考課與監察的畛域界限，使監察手段滲透到考核之中。

總之，產生於唐代中葉的《循資格》，使得文官選任中依據的重心發生了轉移：官員仕宦生涯的黜陟，並非倚重他們的課績；「歲月序遷」的原則極大地影響著「循名責實」原則的實施。與此同時，還應該看到，考課法不振，並不意味著地方官員任內的實際表現完全無人過問；在這一時期中，多層多途考察的方式已經充分發展起來。宋代的「能吏」，有許多是通過「薦舉」等途徑嶄露頭角的；而對於官僚得失的督核，也主要通過大為加強的中央與地方考察機制進行。

二、考察：考課與監察的結合

監察與考課互補的趨勢由來已久。常規考課是通過自下而上的多層次進行的，一旦信息傳遞的鏈條出現缺環，朝廷即無從自上而下把握住國家的統治命脈。歷代王朝的決策階層長期進行著多方面的嘗試，力圖建立有效而可靠的信息網絡。監察與考課的緊密結合，正是這一努力的結果之一。

《宋史》卷四二六〈循吏傳（序）〉在總結宋代促使循吏出現的原因時說：

> 宋法有可以得循吏者三：太祖之世，牧守令錄躬自召見，問以政事，然後遣行，簡擇之道精矣；監司察郡守，郡守察縣令，各以時上其殿最，又命朝臣專督治之，考課之方密矣；吏犯贓遇赦不原，防閒之令嚴矣。【二】

【一】龐籍：〈上仁宗答詔論時政〉，趙汝愚編，北京大學中國中古史研究中心校點整理：《宋朝諸臣奏議》卷一四六〈總議門〉（上海：上海古籍出版社，一九九九年），頁一六六六——一六六七。

【二】《宋史》卷四二六〈循吏〉，頁一二六九一。

這裡扼要概括了宋代精選任、密考課、嚴防範三者結合的肅清吏治方式，這正反映了「考察」地方親民官員的主要內容。

如何及時掌握充分、可靠的信息，瞭解官員的實際品行、才能與治事績效，是宋廷無法須臾釋懷的問題。朝廷從制度設施、運作舉措兩方面入手：以行政、監察機構為主，業務部門投入，建立各自相對獨立、多層多途錯落縱橫的考察渠道；中央對於考察過程密切關注、直接調控，隨時採取有針對性的處置措施。

在宋代，由常設機構進行的縱向常規考察，既包括定期的逐層日常考課，又包括不定期的經常性巡訪按察；還有中央業務部門對於地方相應機構的專業性考核，以及各司各部各級磨勘勾檢系統的稽查覆驗；橫向的常規考察，主要是諸司、諸州之間的互查互申。除此之外，下級官員對上級的檢舉、同級官員之間的揭發、後任官員對於前任績效的檢驗，都是考察網絡的組成內容。在常規考察渠道之外，還有朝廷派專使進行的考察。專司監察的臺諫系統，監督並且參與著考察機制的運行過程。受理吏民詞訟的登聞鼓院、登聞檢院、理檢院，也成為朝廷瞭解地方吏治的重要孔道。【一】

不同系統的眾多機構、相互交錯的多條途徑，共同參與對地方官員的考察工作，主要目的在於減少信息虛假、來源梗阻的可能性；通過考察權的分立，試圖達到多方位驗證信息的目的，以最終實現人事管理權的集中操控。

就考察機制的運作方式而言，中央經常佈置針對社情民意的「體察」、「採訪」，強調諸司協同「會問」，注意多層面的「點檢」、上下級間或者不同隸屬關係之間的「體量」，甚至特派專使進行「勘驗」，以便盡可能覆覈所掌握信息之可靠程度。

宋代在地方上負責行政事務的親民官，是考察的重點對象。他們依路、州、縣級別之不同、具體管轄的事務之不同，分別受到來自不同層次、不同系統、不同部門的核查。而這一群體中的相當部分，自身又是按察官員。據《慶元條法事類》卷七「監司知通按舉」條引《名例敕》云：

諸稱監司者，謂轉運、提點刑獄、提舉常平司；稱按察官者，謂諸司通判以上之官（發運、轉運判官同）及知州、通判各於本部職事相統攝者。【二】

按察官的主要職責，一是「察」，即發擿謬懦，按劾姦贓；二是「舉」，即綜彙善政、薦舉循吏。從當時考察的內容可以看出，朝廷經常關注的，是對於地方官劣跡弊政（諸如貪贓營

【一】參見拙作《課績、資格、考察——唐宋文官考核制度側談》（鄭州：大象出版社，一九九七年）。

【二】《慶元條法事類》卷七〈職制門·監司知通按舉〉，頁一二八。

私、科擾暴虐、蒞官無狀、按舉不公，等等）的糾正與查劾。

對於地方州縣官員的考察，監司擔負著重要的作用。宋仁宗嘉祐三年（一〇五八年）四月的〈誡勵提轉詔〉中，開宗明義地說：

> 朕惟天下之重，不可獨治，付之郡守、縣令而已；郡守、縣令之賢與不肖，不可偏知，付之轉運使、提點刑獄而已。【一】

儘管如此，在考察地方官吏時，宋廷並不專一倚重本路監司；而經常是通過不同的系統獨立檢舉、相互核查，以求得驗證。往往同一案例，監司檢按之後，又由御史臺或其他相關部門覆覈；或者御史揭發之後，再令監司查實。

真宗年間，曾經擔任東明知縣以至於河東提刑的范航，數任之內一貫以貪狠狡蠹著稱。大中祥符八年（一〇一五年）六月，他在知齊州時期的不法事件，受到本路提點刑獄滕涉、常希古的按劾；提刑司又張貼榜文，號召吏民檢舉揭發，得到范航罪狀數十條。朝廷並未滿足於監司的舉按，進而派遣御史李竦前往鞫訊得實，於是將他發配到了沙門島。【二】仁宗嘉祐四年（一〇五九年）七月，臺諫奏報說，知壽州孫沔過去在杭州、并州任內違法；為慎重起見，朝廷又下令有關諸路調查，「逐路按得其實」，才予以貶責處分。【三】

也有一些朝廷特令鄰近路分監司或州郡長官復查的案例。元豐二年（一〇七九年）十月，荊湖北路轉運判官馬瑊違法，朝廷派相鄰的京西路轉運判官胡宗回負責按治。【四】政和二年（一一一二年）十一月，應和當時朝廷上下侈談「祥瑞」的流俗，知太原府梁子野聲稱本處生長出「嘉禾」，要向朝廷貢進；本路提刑司舉發了梁某的作偽伎倆，徽宗下詔由「鄰近州軍取勘」。【五】宣和二年（一一二〇年）十一月，因為有些州縣違欠二稅，宋廷命令各轉運司派遣相鄰州郡「不干礙官」前去屬縣調查取證，核對繳納盈虧數目，向上級申報保明，再由轉運司覆實，然後確定知州、通判、縣令、縣丞的功過殿最。【六】淳熙八年（一一八一年）十一月，知漢州雍有容因為四川制置使陳峴按劾他「貪黷姦穢」而被放罷，宋廷又命令「潼川府路提刑司根勘，具案以聞」。【七】

【一】佚名編，司義祖整理：《宋大詔令集》卷一九三〈政事四六．誡飭四〉（北京：中華書局，一九六二年），頁七一〇。
【二】《宋會要輯稿．職官》六四之二三，頁四七七七—四七七八。
【三】《宋會要輯稿．職官》六五之一八至一九，頁四八〇七—四八〇八。
【四】《宋會要輯稿．職官》六六之九，頁四八二八。
【五】《宋會要輯稿．職官》六八之二六，頁四八八七。
【六】《宋會要輯稿．職官》五九之一七，頁四六五〇。
【七】《宋會要輯稿．職官》七二之三一，頁四九八五。

任職於地方的重要官員，如若課績比較特出，朝廷有時會專門派人前往覆覈。乾道七年（一一七一年）六月，太府寺主簿趙思被派去淮東核實種麥畝數，就是因為前任知揚州晁公武上報，所部六年間栽種麥類二六二二四頃有餘。晁公武本人即淮南東路的安撫使，身兼按察重任。宰相虞允文等人派趙思去實地覆按，以防上報的政績存在誇大不實之處。趙思回朝後，孝宗親自詢問了復查結果，並且和輔臣們商討了考核求實的辦法。【二】

對於專門派出考察地方官員政績的特使，宋廷也存有戒備之心。熙寧末年，朝廷曾經下詔說，在出外察訪體量公事的特使中，如果有人任意違法，允許被巡察路分的監司「覺察聞奏」。當時的侍御史周尹，上疏批評這種做法是本末倒置，與其如此，不如慎重行事，少派特使外出。【二】

這些事實，都反映出宋廷既重視按察官員，又防範按察官員、不專信某一系統、某一按察官員的作法。「任用」與「防範」並舉，正是「事為之防，曲為之制」主導思想之下的產物。通過不同系統的按察官員，對於為數眾多的地方官吏進行多途考察，也正是這一原則指導下的合理結果。

總的說來，宋代對於官吏的考察有一套系統的制度。考察通過多條途徑進行：基本上定期進行的常規考課與因事因時進行的特詔巡查、隨時隨地進行的監督檢劾並行互補；考察方式多樣：有批書印紙、課績定等，有廉訪會問、他司覆按；考察中動員了多層多類機構與官員參與，考察的結果向官員本人公開……以求得多種信息來源的相互印證，求得考察中相對的準確與公平。

儘管宋代統治者在通過考察追求「實績」方面下了許多功夫，也取得了一些效果，但當時的朝野人士都很清楚，「實績」不實的狀況始終普遍存在，遠遠未能從根本上解決。

考察不實的原因是多方面的。首先，宋代的考察制度，規定不夠合理、不夠健全。考察中，政策性、時效性比較強，而穩定性比較差；考察的重點、評估的標準，都容易隨著政治風雲的變幻而波動。考察中產生的是是非非，往往隨朝廷政策方針的轉向而難定取捨。慶曆時，范仲淹等人力主「去謬吏而糾慢政」，希望大刀闊斧地革除弊端。【三】而當「新政」失敗之後，他們所選用的按察官員也都隨之失勢。江東轉運使楊紘、判官王綽、提點刑獄王鼎，都因「亟疾苛察」，相繼受到責降。【四】

其次，宋代有關考察的命令雖多，執行、檢查卻不得力。下不舉，上不究；上不查，下不報。地方監司等長官觀望因循的記載比比皆是，這使得許多規定事實上成為一紙具文。南宋高

【一】《宋會要輯稿．職官》五九之二六，頁四六五九—四六六〇。
【二】周尹：〈上神宗乞重使者之任〉，《宋朝諸臣奏議》卷六六〈百官門〉，頁七三五。
【三】《長編》卷一五一，慶曆四年七月丙戌，頁三六七一。
【四】《長編》卷一六〇，慶曆七年四月己酉，頁三八六九。

宗時，樞密院編修鄭剛中說：

朝廷施行一事，付之監司，監司付郡守，郡守付縣令。各了一司文移之具，不問其有無實惠及民。……美意一頒，天下知其為虛設爾。蓋欺罔誕謾之弊，至今不革，廣設文具，應辦目前，髣髴近似，以報其上。【一】

此外，由於地方與中央之間不可避免的利益差異甚至衝突，地方執行中央指令的程度自然不同。更因為考察結果直接與官員前途相關，地方官之趨利避害傾向表現得格外突出。不少人不肯在基層踏實苦幹，卻不惜饒費心機以應付檢查。他們儘量避免對自己不利的信息傳至朝廷，甚至蓄意編造「政績」；更有甚者，上級察訪士民輿論，下級則慫恿寄居官員、士人、上户舉揚個人「德政」。【二】所謂「官員造材料，材料出官員」「上下相蒙」的狀況，正是這樣產生的。而上層統治者的浮躁虛誇心理、對於「承平盛世」不切實際的追求與渲染，更助長了這種風氣。

北宋中後期，監司在按察本路州縣時，經常事先通知下屬即將「按行」、「指摘」、「點檢」的事由，號稱「刷牒」。州縣官吏接到通報，必須預先作好準備。這就為下級敷衍上級按察造成了必要條件。所謂「檢按不嚴」、「檢按失實」的狀況，自然如影隨形般產生出來。【三】

任職於地方的官員們，利益糾結、榮辱相關，有的作偽虛報、有的合謀隱瞞，共同對付檢查。南宋紹興年間曾任成都路轉運副使的陶愷，身為本路主要按察官員，「承總領所取會儲蓄錢物，而愷輒令諸州隱蔽，不實供報」【四】。這種事例並非偶然。

執行考察事務的按察官員，其個人素質在很大程度上影響著考察的結果。【五】有些按察使者，觀望朝廷意旨，以決定個人動向，或「矯察」或「苟且」。【六】北宋元祐時，御史中丞劉摯就曾經指出：對於地方官員的課績，經常顯現出嚴重的偏頗：朝廷強調「考察名實」，多途綜核，就容易出現刻急淺迫的行為；強調「施行教化」，行寬厚之政，必定會出現舒緩苟簡的傾

【一】黃淮、楊士奇編：《歷代名臣奏議》卷一七二〈考課〉（上海：上海古籍出版社，一九八九年），頁二二五九上。

【二】幔亭曾孫編，張四維輯：《名公書判清明集》卷一〈禁戢部民舉揚知縣德政〉（北京：中華書局，一九八七年），頁三七。

【三】《宋會要輯稿．職官》四五之一三，頁四二三九—四二四〇。

【四】《宋會要輯稿．職官》七〇之三二，頁四九三三。

【五】包拯撰，楊國宜校注：《包拯集校注》卷一〈請不用苛虐之人充監司〉（合肥：黃山書社，一九九九年），頁二五—二八。

【六】尹洙撰：《河南先生文集》卷二〈矯察〉，《四部叢刊》影印上海涵芬樓藏春岑閣鈔本（上海：商務印書館，一九二九年），葉七b—八a。

向。【一】有些按察官員為邀求一己「強幹」之名，搜抉他人細過，搞得地方上紛紛擾擾；而另外一些，出於私人關係，或過譽、或捃拾，或者邀賄乞覓……由類似原因造成的考察不實也處處存在。

宋徽宗政和二年（一一一二年）十月，有臣僚揭發說：

> 竊見今日官吏，其內外親屬之有權者，玩法如無法，視監司長吏如無人。且監察御史，臺屬也，近者高宇為之；其兄高定令襄之宜城，恣橫不法、貪污害民，刺舉按察之官非獨不繩其罪，又且薦其材。以監察御史之勢，已能屈陛下至公之法，況宰相、執政、左右近侍之親戚乎！【二】

很明顯，在宋代，國家有考察網絡，官吏有關係網絡。這使我們看到一幀多維的立體畫面：一方面，官員們不得不置身於縱橫交錯的公共考察網絡之下；另一方面，與考察網絡交叉互動的，又有形形色色、四通八達的個人關係網絡。前者調動著官僚體制下的幾乎全部力量，組織浩繁，聲勢恢宏，卻仍然難以確知官員的「實績」，難以確保政令的暢通；後者不露聲色，卻在那一時代中發揮著頗為實在的作用。

各個系統的多種機構介入考核，如若綜合協調不力，所帶來的問題也是顯而易見的。政出多門，重複搜討，使得基層無所適從，反而促使地方官設法應付；此外，缺乏統一高效的信息處理機制，又使得不少官方或民間資料的搜集落得徒勞無功。在這種狀態之下，考察途徑多樣化帶來的益處，事實上得不到充分發揮；而與機構重疊、眾說紛紜相應的反饋處理效率低下，又成為兩宋難以治癒的痼疾。

原載《慶祝鄧廣銘教授九十華誕論文集》，題為〈略談宋代對於地方官員政績之考察機制的形成〉，石家莊：河北教育出版社，一九九七年，略有修訂。

【一】劉摯撰，裴汝誠、陳曉平點校：《忠肅集》卷六〈論監司奏〉（北京：中華書局，二〇〇二年），頁一二三。

【二】《宋會要輯稿．職官》四五之七至八，頁四二三六——四二三七。

作者簡介

鄧小南，北京大學博雅講席教授、人文社會科學研究院院長、國學院副院長，兼任中國史學會副會長。

曾在「北大荒」雁窩島下鄉九年。一九七八年考入北京大學歷史學系，一九八五年研究生畢業後任教於北京大學。曾在美國哈佛大學、耶魯大學，法國高等社會科學院，德國維爾茲堡大學、圖賓根大學，韓國高麗大學，香港科技大學、中文大學、城市大學，臺灣中研院史語所、臺灣大學、清華大學、成功大學等學府講學及從事合作研究。

著有《宋代文官選任制度諸層面》、《祖宗之法：北宋前期政治述略》、《朗潤學史叢稿》、《宋代歷史探求》、《課績．資格．考察：唐宋文官考核制度側談》、《長路》等，在海內外學術刊物發表研究論文百餘篇。

北京大學「十佳教師」。曾獲國家級高等學校教學名師獎、思勉學術原創獎、國華傑出學者獎等。

著述年表

著作：

1《宋代文官選任制度諸層面》，石家莊：河北教育出版社，一九九三年；二〇二一年修訂再版。
2《課績．資格．考察：唐宋文官考核制度側談》，鄭州：大象出版社，一九九七年。
3《祖宗之法：北宋前期政治述略》，北京：生活．讀書．新知三聯書店，二〇〇六年；二〇一四年修訂再版。
4《朗潤學史叢稿》，北京：中華書局，二〇一〇年。
5《宋代歷史探求：鄧小南自選集》，北京：首都師範大學出版社，二〇一五年。
6《長路：鄧小南學術文化隨筆》，北京：北京師範大學出版社，二〇二〇年。

主編：

1《唐宋女性與社會》（上下），鄧小南、榮新江、高世瑜主編，上海：上海辭書出版社，二〇〇三年。
2《臺灣學者中國史研究論叢》一三專題一四冊，邢義田、黃寬重、鄧小南主編，北京：中國大百科全書出版社，二〇〇五年。

3 《政績考察與信息渠道：以宋代為重心》，北京：北京大學出版社，二〇〇八年。
4 《宋史研究論文集（二〇〇八）》，鄧小南主編，林文勳、吳曉亮執行主編，昆明：雲南大學出版社，二〇〇九年。
5 《宋史研究論文集（二〇一〇）》，鄧小南、楊果、羅家祥主編，武漢：湖北人民出版社，二〇一一年。
6 《宋史研究論文集（二〇一二）》，鄧小南、程民生、苗書梅主編，開封：河南大學出版社，二〇一四年。
7 《宋史研究論文集（二〇一四）》，鄧小南、范立舟主編，北京：中國社會科學出版社，二〇一六年。
8 《政令．文書．信息溝通：以唐宋時期為主》，鄧小南、曹家齊、平田茂樹主編，北京：北京大學出版社，二〇一二年。
9 《中國婦女史研究讀本》，鄧小南、游鑑明、王政主編，北京：北京大學出版社，二〇一一年。
10 《過程．空間：宋代政治史再探研》，鄧小南主編，曹家齊、平田茂樹副主編，北京：北京大學出版社，二〇一六年。
11 《宋史研究諸層面》，鄧小南主編，方誠峰執行主編，北京：北京大學出版社，二〇二〇年。

後記

這本小書中選入的六篇文章，是一九八六年至一九九七年間的舊作。那段時間，我自研究生畢業後，在北京大學大歷史系任教。除講授基礎課程外，個人關注的重點一直在於宋代的文官制度，尤其是官員的任用與考核制度【一】。

二〇一八年秋，應陳平原教授主編的「三聯人文書系」盛情邀約，準備選擇幾篇文章結集出版。中間由於個人的拖延，直到今天才選編成書。重整舊作，一方面擔心其內容過時；另一方面卻也覺得，當初的研究方式，即便在今天數字化盛行的學術氛圍中，或許仍有一份價值。

歷史學，實際上是一門實踐性很強的學問。史料面的拓展（官方文獻、民間資料、歷史語言、口述、圖像、考古發現等等），書齋閱讀、田野考察、思考體味、學術對話、撰著修訂……都是研習實踐的過程。歷史學離不開材料，離不開對材料的追問、延展和辨析。從這

【一】其後有些內容融入了《宋代文官選任制度諸層面》一書，見河北教育出版社一九九三年、（北京）中華書局二〇二一年版。

個意義上講，「史學就是史料學」的說法，無疑有其道理。所謂「史料學」，自然是有關史料搜集、研讀、辨析乃至批判的核心知識與方法，這些正是歷史學得以成為「學問」的基礎。

在沒有電子檢索的年代，學人對於材料的使用或許沒有那麼輕易而「奢侈」，研讀思考過程中，或許更注重關鍵材料的「咀嚼」、「回味」與「反芻」。當年的用功，是效仿前輩先生，在基礎處下力。材料不是靠關鍵詞搜討得來，敘述結構便也不僅依靠關鍵詞組織連綴。這樣的文章，思路的延伸骨架可能比較清晰，論證的主幹脈絡可能比較順暢。

本書六篇論文的排序方式，基本上是依照文官制度演變和運行的「邏輯」安排的。〈北宋前期任官制度的形成〉討論從唐代到宋代「官」與「差遣」分離發展的由來，進而觀察北宋時期任官制度的形成過程及其特點；中古官員任用過程中，「資」（門資、年資等）始終是依憑的重要根據，〈北宋的循資原則及其普遍作用〉基本是自唐代《循資格》談起，關注循資「精神」在宋代的膨脹及演進；在此基礎上，〈宋代資序體制的形成及其運作〉試圖釐清宋代「資」與「資序」的關聯與分立，繼而研究宋代官員職任陞進的體系性依據；其後兩篇文章——〈北宋文官磨勘制度初探〉、〈宋代文官差遣除授制度研究〉，則分別自磨勘制度和任用制度兩方面，探討了宋代本官敘遷和差遣除授的主導理念與制度流程；〈宋代地方官員政績考察機制的形成〉一文，自課績與監察的結合入手，追蹤宋廷對於在職官員的考察機制及其問題。

細心的讀者或許會注意到，六篇論文中，對於循資原則、磨勘制度的討論是最先寫成發表的，這兩篇文章所關注的，實際上與宋代標識官員身份的「本官」制度直接相關；接下來對於設官分職的人事格局、對於與官員職責相關的資序制度、除授制度的討論，則是側重於「本官」、「差遣」二者分立的溯源以及制度的設計實施。最後一篇對於官員政績考察機制的討論，意在綜合觀察驅策百官的方式及制度運行的實際狀態。文章撰寫發表的次第，事實上反映著筆者問題意識的轉進以及追尋宋代文官選任制度原委的步步足跡。

本書編纂過程中，北京大學歷史系博士生吳同、郭洋辰等多位同學不避煩複，協助重新核對了史料，在此一併致謝。

最後應該說明的是，六篇文章畢竟都是多年前寫成，雖然感覺有所呼應，自成一說，因而不揣譾陋再度呈現；但近二三十年來海內外學界研究視野日益開闊，研究手段日益豐富，討論更加詳盡準確的新成果源源不斷，「芳林新葉催陳葉，流水前波讓後波」，這才真正讓人有所期待。

鄧小南

二〇二一年六月六日